かぎ針で編む
きせかえあみぐるみ

なると

CONTENTS

- はじめに … 4
- あみむすのおはなし … 5
- 基本のあみむす … 9
- 基本のあみむす(素体)を作ってみましょう … 10
- 春のあみむす … 20
- 夏のあみむす … 21
- 秋のあみむす … 22
- 冬のあみむす … 23
- クリスマスのあみむす … 26
- ハロウィンのあみむす … 27
- お姫さまのあみむす … 28
- 着ぐるみのあみむす … 29
- ウエイトレスのあみむす … 32
- お花屋さんのあみむす … 33
- パティシエのあみむす … 34
- あみむすブローチ … 35
- 幼稚園スモックのあみむす … 38
- セーラー服のあみむす … 39
- パジャマのあみむす … 40
- ルームウェアのあみむす … 41
- あみむすワードローブ春夏 … 42
- あみむすワードローブ秋冬 … 44
- あみむすbackstyle … 48
- 掲載作品の作り方 … 49
- 髪型バリエーション … 79
- かぎ針編みの基礎 … 80

♬ **素材提供**

ハマナカ株式会社
〒616-8585
京都府京都市右京区花園藪ノ下町2番地の3
TEL：075-463-5151(代表)

♬ **撮影協力**

Studio Tenjin Base
〒530-0046
大阪府大阪市北区菅原町1-23 西垣ビル1F
TEL：06-6886-5100

♬ **STAFF**

撮影　福本　旭
ブックデザイン　根本　綾子
モデル　りん　ゆい
編集　宮崎　珠美(Office Foret)、株式会社レシピア

【読者の皆様へ】
本書の内容に関するお問い合わせは、
お手紙またはFAX(03-5360-8047)
メール(info@TG-NET.co.jp)にて承ります。
恐縮ですが、電話でのお問い合わせはご遠慮ください。
『かぎ針で編む　きせかえあみぐるみ』編集部

はじめに

「あみむす」は、
あみぐるみ娘（むすめ）の略です。
自分が制作した女の子のあみぐるみに
呼び名をつけたくて考えました。

お部屋に飾ったり、一緒にお出かけしたり、
着替えを楽しんだり、話し相手になったり…。

自分のために…
おかあさんから娘さんへ…
おばあちゃんからお孫さんへ…

皆様にとっての
「あみ」「みむ」「むーす」が
生まれますように。
どうぞ、あみむすのお友達になってくださいね。

なると

PROFILE

なると（井出友子）

幼少の頃より母親の影響で手芸が趣味に。2000年頃、友人の勧めであみぐるみに出会い、2003年よりオリジナルのあみぐるみ制作を開始。委託販売、通販会社へのあみぐるみキットの制作、ハンドメイドイベント参加、商業施設のキャラクター制作、あみぐるみの広告起用等、多方面で活躍中。女の子のあみぐるみを中心に制作している。

Homepage：
https://amimusu-amigoo.amebaownd.com/
Instagram：
https://www.instagram.com/amigoo_naruto/

あみむす のおはなし

「あみむす」は
目がくりっとしたかわいらしい女の子。
お洋服を着せたりこものを組み合わせたり、
きせかえ人形として遊べます。
この本に出てくるあみむすは
髪色がそれぞれ違う
「あみ」「みむ」「むーす」の3人。
あなたはどのあみむすがお気に入り?

♪あみ

まっすぐに揃った前髪と
チョコレート色のストレートヘアが
チャームポイントの「あみ」。
しっかりものだけど、ちょっと天然なところもある
みんなの長女みたいな存在なの。
本を読んだり、音楽を聴いたりする時間が大好き♪
髪型は時々サイド結びにしたり、2つ結びにしたりして
アレンジを楽しんでるよ。

AMI

髪型バリエーション

サイド結び　　2つ結び

♪ みむ

明るいレンガ色の髪色で
前髪を少しサイドに分けた「みむ」。
お洋服とショッピングとカフェが大好きなおしゃれさん♪
でもちょっぴりクールなところもあって
みんなをびっくりさせちゃうことも！？
あみやむーすのことが大好きでいつも一緒に
遊んでいるよ♡
髪型はストレート以外にウエーブにしたり、
三つ編みをお団子にしたりすることも。

MIMU

髪型バリエーション

ウエーブ　　　三つ編み団子

♪むーす

カフェオレ色の髪色と
お団子ヘアがかわいらしい「むーす」。
いつも明るくて元気いっぱい！
おいしいものが大好きな食いしん坊さん。
あみやみむにとってもかわいがられている
おちゃめな末っ子キャラなの。
動きやすい髪型がお気に入り♪
ひとつにまとめたり、サイドで2つ団子にしたりと
いつもアップスタイルにしているよ。

MUUSU

髪型バリエーション

2つ団子

基本のあみむす

全ての作品の基本となるあみむす(お人形)です。
次のページからの写真プロセス解説で
作り方を詳しく説明しています。
まずはこのあみむすからトライしましょう!

note
「あみ」「みむ」「むーす」の体の部分(素体)は
この「基本のあみむす」と一緒です。
P.10からの作り方を見ながら作りましょう。
「あみ(ストレート)」以外の髪型は
それぞれP.79の「髪型バリエーション」を
参照して作ります。

01 基本のあみむす（素体）を作ってみましょう

▶▶ Photo P.9

♪ 材料

【糸】ハマナカピッコロ #45（肌色）25g、#1（白）1g、#17（こげ茶）12g 【その他】サテンリボン[3mm幅]（お好みの色）10cm、目玉ボタンマーブル[10mm] 2個、#25刺しゅう糸（赤）適宜、ほお紅、わた 15g

髪の毛に使うハマナカピッコロ（こげ茶）は、みみは#29（赤茶色）、むーすは#21（薄茶色）に変更します。（g数は同じ）

♪ 用具

かぎ針4/0号
とじ針
手縫い針
綿棒
手芸用クラフトボンド
はさみ
箸などの棒

♪ できあがり寸法

23cm

「あみ（ストレート）」で説明します

♪ 編み方

1 輪の作り目で目を作り、頭、胴体、耳、手、足を編む。
2 耳以外のパーツにわたを入れる。
3 顔を仕上げる。頭のパーツに鼻をストレートステッチで刺しゅうをする。目玉ボタンをつけ、口をチェーンステッチで刺しゅうする。
4 頭の編み終わりをしぼり止めする。
5 頭に耳をつけ、胴体をつける。
6 胴体に手と足をつける。
7 頭に髪の毛を植毛する。
8 綿棒でほっぺにほお紅をつける。

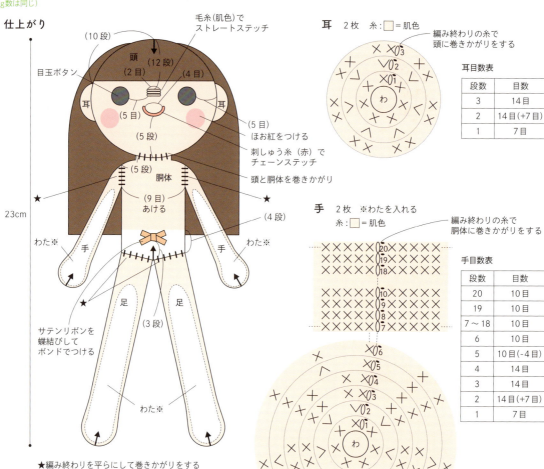

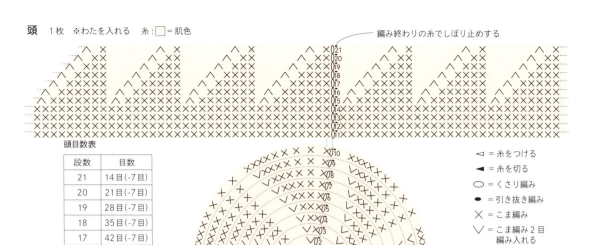

頭 1枚 ※わたを入れる 糸：□=肌色

頭目数表

段数	目数
21	14目(-7目)
20	21目(-7目)
19	28目(-7目)
18	35目(-7目)
17	42目(-7目)
16	49目(-7目)
15	56目(-7目)
10〜14	63目
9	63目(+7目)
8	56目(+7目)
7	49目(+7目)
6	42目(+7目)
5	35目(+7目)
4	28目(+7目)
3	21目(+7目)
2	14目(+7目)
1	7目

◁ = 糸をつける
◀ = 糸を切る
○ = くさり編み
● = 引き抜き編み
× = こま編み
∨ = こま編み2目編み入れる
∧ = こま編み2目一度

足目数表

段数	目数
7〜34	14目
6	14目(-2目)
5	16目
4	16目
3	16目
2	16目(+8目)
1	8目

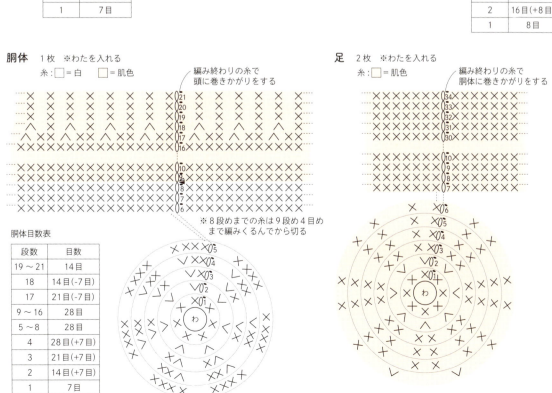

胴体 1枚 ※わたを入れる
糸：□=白　□=肌色

胴体目数表

段数	目数
19〜21	14目
18	14目(-7目)
17	21目(-7目)
9〜16	28目
5〜8	28目
4	28目(+7目)
3	21目(+7目)
2	14目(+7目)
1	7目

足 2枚 ※わたを入れる
糸：□=肌色

頭を作る ◎作り目（糸端を二重の輪にする方法）

① 肌色の糸で編み始める。左手の人差し指に糸をかけ、中指に糸を2回巻きつけて輪を作る。

② 二重の輪の中に針を入れ、糸をかけて手前に引き出す。

③ さらに針先に糸をかけて糸を引き出す。

④ 立ち上がりの1目が編めたところ。

◎こま編み

⑤ 輪の中に矢印のように針を入れ、糸をかけて引き出す。

⑥ さらに輪の中に矢印のように針を入れ、糸をかけて引き出す。

⑦ こま編みが1目編めたところ。

⑧ 5と6を繰り返して6目こま編みを編み、1段めはこま編みを7目編む。

⑨ 短い糸端を引っ張り、2本ある輪のうちの1本を縮める。次に先ほど縮まった輪の糸を引き出してもう1本の輪を縮め、全体の輪を小さくする。

⑩ 短い糸端をさらにしっかりと引っ張り、輪を整える。

⑪ 1目めのこま編みの頭に針を入れる。

⑫ 針に糸をかけ、引き抜く。1段めが編めたところ。

◎こま編み2目編み入れる

⑬ 2段めを編む。立ち上がりのくさり1目を編む。

⑭ 前段の1目めの頭に針を入れ、こま編みを編む。

⑮ もう一度同じ目に針を入れ、こま編みを編む。こま編みを2目編み入れたところ。

⑯ 次も同様に、前段のこま編みの頭を拾ってこま編みを2目編み入れる。

こま編みを14目編み、1目めのこま編みに針を入れ、糸をかけて引き抜く。2段めが編めたところ。

3段めを編む。立ち上がりのくさり1目を編む。

前段の1目めに針を入れ、こま編みを編む。次の目はこま編みを2目編み入れる。

こま編みとこま編み2目編み入れるを繰り返して計21目編む。

1目めのこま編みに針を入れ、糸をかけて引き抜く。3段めが編めたところ。

4段め以降も、編み図を見ながらこま編みとこま編み2目編み入れるを指定通りに繰り返して編み、9段めまで編む。

10段めから14段めは増減なしで編む。

15段めを編む。立ち上がりのくさり1目を編み、続いてこま編みを7目編む。

◎こま編み2目一度

前段のこま編みの頭に針を入れ、糸をかけて引き出す。

さらに次の目の頭に針を入れ、糸をかけて引き出し、針にかかった3つのループを一度に引き抜く。

こま編み2目一度が編めたところ。

こま編み7目＋こま編み2目一度をあと6回繰り返し、計56目編む。引き抜き編みをして15段めが編めたところ。

{ 胴体を作る }

16段め以降も、編み図を見ながらこま編みとこま編み2目一度を指定通りに繰り返して編み、21段めまで編む。頭のできあがり。（写真は編み始めを上にしています）

白色の糸で編み始める。「糸端を二重の輪にする方法」で作り目をし、編み図の通りに4段めまで増やし目をしながら編む。

5段めから8段めまでは増減なしで編む。8段めの最後の1目を編んでいるところ。

◎糸のつけ替え

こま編みの最後の引き抜きの時に、9段めからの肌色の糸に変え、引き抜く。（写真では糸の色を変えています）

13

㉝ 1目めのこま編みに針を入れて引き抜き、8段めが編んだところ。

㉞ 9段めを編む。その際、糸のつけ替えで余った肌色の糸と、編み始めの白色の糸を一緒に編みくるみ、4目程度編んだら余った糸を切る。

㉟ 9～16段めは増減なしで編む。16段めまで編めたところ。

㊱ 17段と18段めは減らし目をしながら編み、19～21段めは再び増減なしで編む。胴体のできあがり。

{ 手、足、耳を作る }　　{ わたを入れる }　　{ 顔のパーツをつける }
◎ストレートステッチ

㊲ 「糸端を二重の輪にする方法」で作り目をし、編み図の通りに編み進め、手、足、耳をそれぞれ2枚作る。糸端はそれぞれ30cm程度残す。

㊳ 耳以外のパーツにわたを入れる。頭と胴体はしっかりと入れる。頭はやや横長の楕円に、顔部分が平たくなるように整えて詰める。

㊴ 手と足は、上の方までは詰めず、全体の8分目くらいまで入れる。細い部分は棒を使い、足先はつま先を作るように形を整えて詰める。

㊵ 鼻をストレートステッチする。とじ針に肌色の毛糸を通し、1本どりで玉結びして頭の下から針を入れる。頭の編み始めから下に12段、中央より1目右に針を出す。

㊶ 2目左に針を入れる。

㊷ ㊵と㊶を5～6回繰り返して刺す。鼻のできあがり。糸は針につけたままにしておく。

㊸ 目をつける。まず鼻の端から5目横に、棒や目打ちなどで小さな穴をあける。

㊹ 鼻をステッチした時の針を使い、さきほどつけた穴から針を出し、目玉ボタンを通して再度針を入れる。

㊺ 糸は後頭部から出し、目が少しくぼむようにやや強めに引っ張る。

㊻ 後頭部で玉結びをし、糸を切る。

㊼ 目のできあがり。

㊽ 口を縫いつける。手縫い針に刺しゅう糸を通し、1本どりで玉結びして頭の下から針を入れる。鼻の端から右に1目、下に2段のところから針を出す。

◎チェーンステッチ

49 チェーンステッチをする。頭を90°回転させて持ち、48で針を出したところに針を入れ、斜め左に出す。写真のように糸を輪にして針の下に入れる。

50 糸を引きしめたところ。

51 さきほどの輪の中に針を入れる。

52 斜め左に針を出し、糸を輪にして針の下に入れる。

{ パーツを組み合わせる }

53 糸を引きしめ、チェーンステッチが2つできたところ。

54 51と52を繰り返して半円状にステッチする。(鉛筆やチャコペンなどで口の形を描いておき、その上をステッチしてもよい。)口のできあがり。

55 頭の編み終わりをしぼり止めする。鼻をステッチした糸は切り、頭の残り毛糸をとじ針に通し、頭の編み終わりの目を半目ずつ、外側と内側を交互に拾う。

56 一周糸を通したら糸を引きしめ、穴を小さくして玉結びをし、糸を切る。

◎巻きかがり

57 耳をつける。耳を編んだ残り毛糸をとじ針に通し、頭の編み始めから下に10段、目の端から横に5目のところに耳の上が来るように置き、半分に折った状態で耳の下部と頭を巻きかがる。

58 耳の裏と頭を巻きかがりで縫いつけていく。耳の半目と、その横の頭の目を拾い、糸が横に渡るように縫いつける。

59 耳の裏の上まで縫いつけたら頭を持ち替え、耳の表を巻きかがる。

60 もう片方も同様につける。耳を縫いつけたところ。

61 胴体と頭を縫い合わせる。胴体を編んだ残り毛糸をとじ針に通し、胴体の編み終わりと頭の編み終わりの目を拾いながら一周巻きかがる。

62 頭と胴体を縫い合わせたところ。

63 手をつける。手を編んだ残り毛糸をとじ針に通し、胴体の編み終わりから下に5段、手と手の間を9目分あけて胴体に巻きかがる。

64 片側を縫いつけたら胴体を持ち替え、もう片側を巻きかがる。

手と胴体を縫い合わせたところ。

足をつける。足を編んだ残り毛糸をとじ針に通し、胴体の編み始めを中心に左右に1本ずつ、胴体に巻きかがる。

足と胴体を縫い合わせたところ。

サテンリボンを蝶結びにし、胴体の白色部分の上部にボンドで貼りつける。

植毛する

髪の毛用の糸を用意する。40cmに切ったこげ茶の毛糸を130〜150本用意する。

つむじを植毛する。69の糸を2本どりにして半分に折り、頭の1段めにかぎ針を差し込み、フリンジをつける要領で半分に折った糸のループに針をかけて引っ張り出す。

針に糸4本をかけてループの中に引き抜き、引っ張ったところ。

70と71を繰り返し、頭の1段め7目全てに糸をつける。つむじができたところ。

前髪を植毛する。2本どりの糸で、つむじから耳に向かって全10目分糸をつける。

反対側も同様に10目分つける。前髪が植毛できたところ。

後ろ髪を植毛する。前髪のすぐ後ろの段を拾い、2本どりの糸で、つむじから耳に向かって全10目分糸をつける。

反対側も同様に植毛し、後ろ髪が植毛できたところ。

後ろ髪のすぐ後ろの段に、追加の髪の毛を植毛する。2本どりの糸で、つむじから左右6目分ずつ糸をつける。

前髪を頭の中に縫いつける。中央部分の糸を1本、とじ針に通し、目の上部から1段上のラインに針を入れる。

糸を頭の中に差し込む。

糸は後頭部から出し、針から糸を抜く。

78〜80を繰り返し、残りの1束分(4本程度)を残して、中央から順に右に向かってまっすぐ前髪を縫いつけていく。この時、こめかみ辺りの前髪が多く感じる場合は、植毛した糸を2束分程度外してもよい。

最後の1束は耳の真ん中くらいの長さで縫いつける。

反対側も同様に縫いつけ、前髪ができたところ。

つむじから糸を1束分とり、針を通して耳の後ろに縫いつける。耳の下と同じラインか、1段分下のあたりに縫いつける。

後頭部から出ている前髪の残り糸を、はさみで際から切る。

後ろ髪を上げた状態で、後頭部にボンドをまんべんなく塗る。

後ろの髪の毛から順に、1束ずつまっすぐ後頭部に貼っていく。

後頭部の地肌が隠れるように、丁寧に指でならしながら貼る。後頭部に髪の毛が全て貼れたら、残りの後ろ髪はそのまま下ろす。

{ 仕上げ }

後ろ髪を揃えて切る。頭頂部から約13cm程度、腰のラインで揃うようにはさみでまっすぐ切っていく。三つ編みなどにアレンジをする場合はやや長めにしておくとよい。

綿棒にほお紅をとり、トントンと軽くほっぺにつける。

素体のできあがり。

▷▷▷ **この本で使用した主な糸**
（写真は実物大）

① ハマナカピッコロ
② ハマナカソノモノループ
③ ハマナカエコアンダリヤ

こちらの糸は全てハマナカ株式会社の商品です。
お問い合わせはP.2をご覧ください。

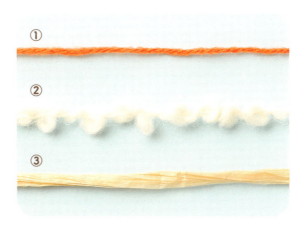

基本のあみむす

▶▶ Photo P.9

♪ **材料**
【糸】………… ハマナカピッコロ＃2(生成り) 17g
【その他】……… ボタン[7mm] (白) 2個、スナップボタン[6mm] 4個、手縫い糸(白) 適量

♪ **用具**
かぎ針4/0号、とじ針、手縫い針

♪ **できあがり寸法**
着丈10cm

♪ **編み方**
【ワンピース】

1. くさり編みの作り目で目を作り、編み図の通りにスカート下部を27段編む。続けて上部を5段編む。糸を付け足し、10目拾い3段編む。5目あけて糸を付け足し、9目拾い3段編む。5目あけて糸を付け足し、10目拾い3段編む。糸を付け足し残り2段編む。
2. 袖ぐりに糸を付け足し、こま編みを1段編む。
3. ボタンとスナップボタンを縫いつける。

〈ワンピース〉

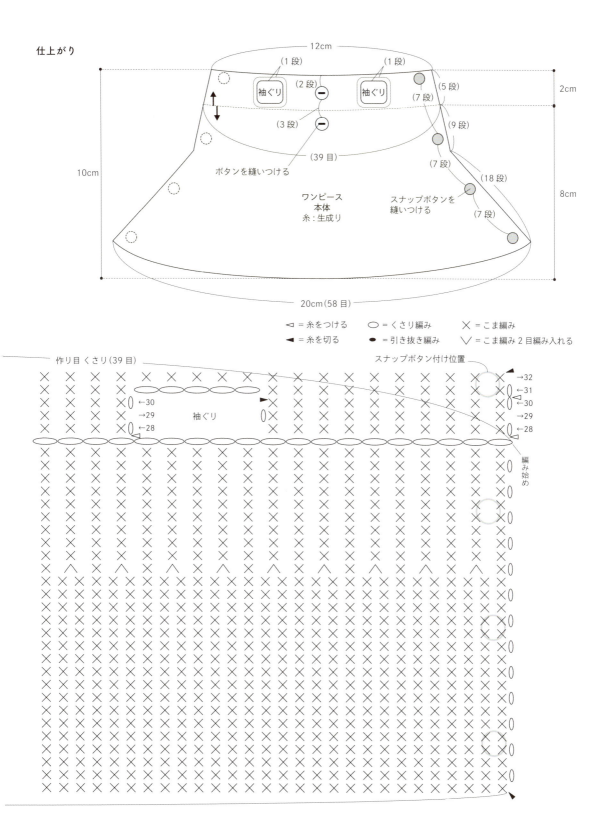

春のあみむす

大好きなお花畑の中をお散歩中♪
今日はピンク色のお洋服で
コーディネートしたの。
大きなリボンの髪飾りもお気に入り♡

02

ITEM & RECIPE

あみ（ストレート）
P.10

＋

ワンピース
P.49

靴
P.62

髪飾り
P.62

夏のあみむす

これから涼しい山のコテージに
遊びに行くんだ。
お揃いの麦わら帽子とかごバッグ、
足元はブルーのストラップのサンダルで♪

03

みむ（三つ編み団子）
素体→P.10
髪型→P.79

ワンピース
P.50

麦わら帽子
P.64

かごバッグ
P.64

サンダル
P.64

秋のあみむす

なんだか今日はとってもいい絵が描けそう！
シックなグリーンのワンピースと
ふっくらベレー帽をかぶれば気分は絵描きさん☆

04

ITEM & RECIPE

みむ（ウェーブ）
素体→P.10
髪型→P.79

+

ワンピース
P.24

ベレー帽
P.63

ブーツ
P.63

冬のあみむす

わたしの住む街で今年はじめての雪が降ったの。
こんな寒い日は真っ白マフラーとボンボン帽子で
あったかくして出かけましょ♪

むーす（2つ団子）
素体→P.10
髪型→P.79

ワンピース
P.25

ボンボン帽子
P.66

マフラー
P.66

ブーツ
P.66

秋のあみむす
▶▶ Photo P.22

🎵 **材料**
【糸】............... ハマナカピッコロ #35(カーキ) 17g、#1(白) 2g
【その他】......... ボタン[7mm] (白) 1個、スナップボタン[6mm] 4個、手縫い糸(カーキ)・(白) 適量

🎵 **用具**
かぎ針4/0号、とじ針、手縫い針

🎵 **できあがり寸法**
着丈11cm

🎵 **編み方**
【ワンピース】
1 「基本のあみむす〈ワンピース〉(P.18)」を表の配色で編む。本体上部を1段多く編む。
2 袖ぐりに糸を付け足し、袖を編む。
3 襟を編み、ワンピース本体に縫いつける。
4 ボタン、スナップボタンを縫いつける。

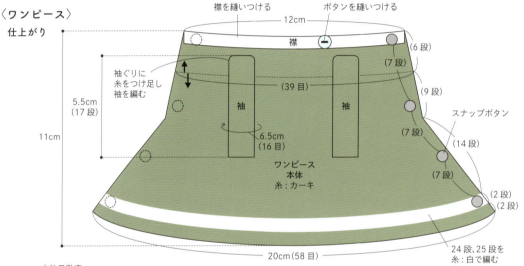

本体目数表

段数	目数	色
28～33	39目	カーキ
27	58目	カーキ
26	58目	カーキ
25	58目	白
24	58目	白
11～23	58目	カーキ
10	58目(+19目)	カーキ
1～9	39目	カーキ

袖 糸：□ = 白

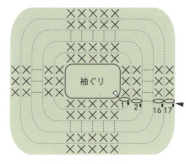

◁ = 糸をつける
◀ = 糸を切る
○ = くさり編み
● = 引き抜き編み
× = こま編み

※反対側も同様に編む。

襟

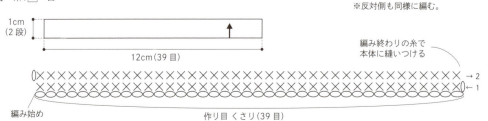

冬のあみむす

▶▶ Photo P.23

🎵 材料
【糸】…………… ハマナカピッコロ #30(赤紫) 14g、#2(生成り) 1g
【その他】……… スナップボタン[6mm] 4個、手縫い糸(赤紫) 適量

🎵 用具
かぎ針4/0号、とじ針、手縫い針

🎵 できあがり寸法
着丈10cm

🎵 編み方
【ワンピース】
1　「基本のあみむす〈ワンピース〉(P.18)」を表の配色で編む。
2　袖ぐりに糸を付け足し、袖を編む。
3　スナップボタンを縫いつける。

〈ワンピース〉
仕上がり

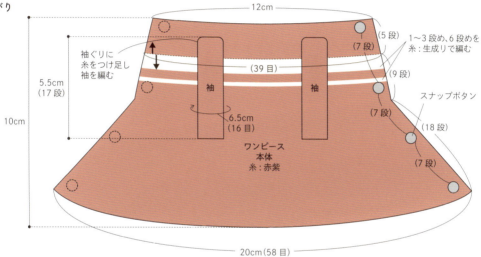

本体目数表

段数	目数	色
28〜32	39目	赤紫
11〜27	58目	赤紫
10	58目(+19目)	赤紫
7〜9	39目	赤紫
6	39目	白
4〜5	39目	赤紫
1〜3	39目	白

◁ = 糸をつける
◀ = 糸を切る
○ = くさり編み
● = 引き抜き編み
✕ = こま編み

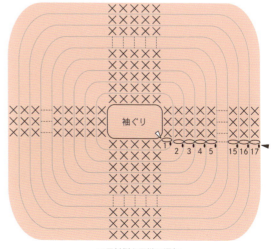

※反対側も同様に編む。

クリスマスのあみむす

今日は待ちに待ったクリスマス！
サンタさんみたいな真っ赤なワンピースとケープで
パーティーへおでかけ。
ボンボンのついた三角帽子も忘れずにね。

ハロウィンのあみむす

かぼちゃみたいなシルエットがかわいい
ツートンワンピに着替えたら
お菓子をもらいに出かけちゃお！
ほうきを持って魔女気分♪

07

あみ（2つ結び）
素体→P.10
髪型→P.79

＋

ワンピース
P.52

三角帽子
P.68

ブーツ
P.68

お姫さまのあみむす

今度のお遊戯会は
お姫さまの役になったんだよ☆
キラキラしたクラウンと
憧れのピンクのロングドレス！

むーす（2つ団子）
素体→P.10
髪型→P.79

ドレス
P.54

クラウン
P.69

靴
P.69

着ぐるみのあみむす

あみはうさぎ、みむはくまの着ぐるみを着て動物の役に挑戦中！
もこもこワンピースに耳つきの帽子で元気いっぱい☆

着ぐるみのあみむす

▶▶ Photo P.29

♪ 材料

09 【糸】………ハマナカソノモノループ #51(白) 46g
　　【その他】…スナップボタン[6mm] 5個、手縫い糸(白)適量
10 【糸】………ハマナカソノモノループ #53(茶) 38g
　　【その他】…スナップボタン[6mm] 5個、手縫い糸(茶)適量

♪ 用具
かぎ針5/0号、とじ針、手縫い針

♪ できあがり寸法
着丈10cm

♪ 編み方

【ワンピース】
1 「基本のあみむす〈ワンピース〉(P.18)」を編む。
2 袖ぐりに糸を付け足し、袖を編む。
3 しっぽを編み、本体に縫いつける。
4 スナップボタンを縫いつける。

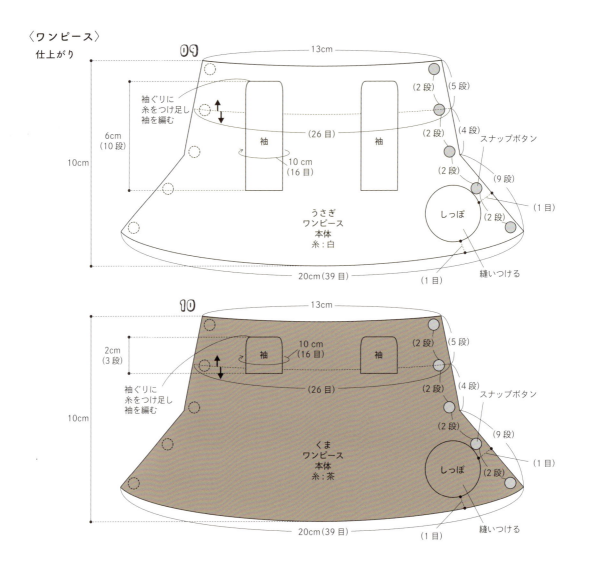

本体　糸：09 白　10 茶

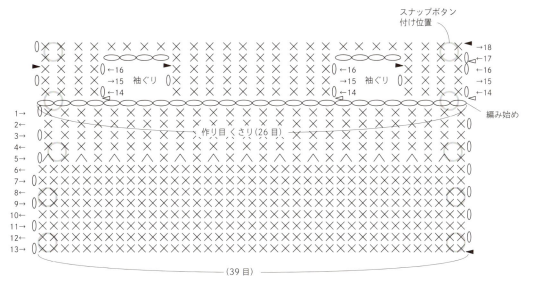

袖　糸：09 白　10 茶

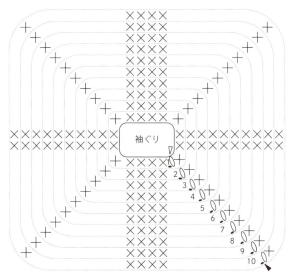

※ 10 くまの袖は 3 段めまで編む。
※ 反対側も同様に編む。

しっぽ　糸：09 白　10 茶

編み終わりの糸で
本体に縫いつける

しっぽ目数表

段数	目数
3	12目
2	12目 (+6目)
1	6目

ウエイトレスのあみむす

黒いワンピースに
白いエプロンとヘッドドレスで
喫茶店のウエイトレスさん風♪
おいしいコーヒーに合う
さくさくクッキーはいかが？

11

あみ（ストレート）
P.10

ワンピース
P.57

ヘッドドレス
P.71

エプロン
P.57

靴
P.71

毎朝のお水やりを欠かさずに♪

お花屋さんのあみむす

こないだオープンしたばかりのフラワーショップ。
わたしが店長なの！
今日は鉢植えも切り花もいっぱい入ってきてお店の中がとーってもいい香り♡

12

ITEM & RECIPE

むーす（1つ団子）
素体→P.10
髪型→P.79

＋

シャツ P.59 ／ ズボン P.59 ／ エプロン P.59 ／ 靴 P.68 ／ ヘアゴム P.68

パティシエの あみむす

当店自慢のイチオシスイーツは
さくらんぼの乗ったぷるぷるプリン♪
わたしの自信作をどうぞ召し上がれ。

あみむすブローチ

お団子ヘアのあみむすたちが
コロンと丸いブローチに変身！
スタンダードなあみむすはもちろん、
元気な金髪の子や
ちょっとアジアンな色黒×黒髪の子も☆
どれがお気に入り？

♪ **RECIPE**
P.77

BACKSTYLE

パジャマのあみむす

▶▶ Photo P.40

♪ 材料
【糸】............... ハマナカピッコロ #5(ピンク) 22g
【その他】......... スナップボタン[6mm] 3個、ボタン[7mm] (赤) 3個、チロルテープ 適量、手縫い糸(ピンク) 適量

♪ 用具
かぎ針4/0号、とじ針、手縫い針

♪ できあがり寸法
【長袖】............ 着丈5cm
【ズボン】......... 総丈10.5cm

♪ 編み方
【長袖】
1 「基本のあみむす〈ワンピース〉(P.18)」の編み図の通りに下部を9段まで編み、丈を短く仕上げる。
2 袖ぐりに糸を付け足し、「秋のあみむす〈ワンピース〉袖(P.24)」の編み図の通りに編む。
3 襟を編み、ワンピース本体に縫いつける。
4 ボタン、スナップボタンを縫いつける。
5 チロルテープを長袖に縫いつける。
【ズボン】
1 「ルームウェアのあみむす【ショートパンツ】(P.37)」のⓑを28段にして編み図の通りに編む。

〈長袖・ズボン〉
仕上がり

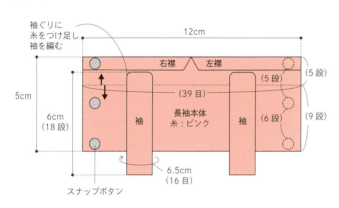

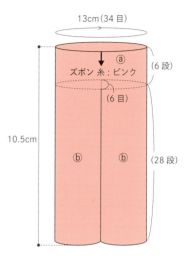

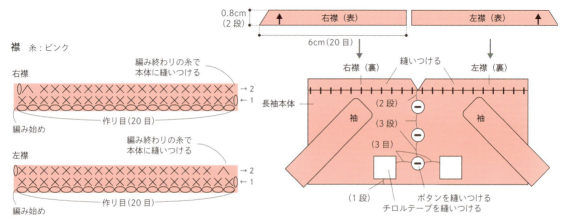

○ = くさり編み
× = こま編み

ルームウェアのあみむす

▶▶ Photo P.41

♪ 材料
【糸】............... ハマナカピッコロ #12(水色) 8g、#40レース糸(白) 1g
【その他】......... スナップボタン[6mm] 2個、手縫い糸(白) 適量

♪ 用具
かぎ針4/0号、レース針6号、とじ針、手縫い針

♪ できあがり寸法
【ノースリーブ】.......... 着丈4.5cm
【ショートパンツ】....... 総丈3cm

♪ 編み方
【ノースリーブ】
1 「基本のあみむす〈ワンピース〉(P.18)」の編み図で、スカート下部は9段まで編み、丈を短く仕上げる。裾をレース糸で2段編む。
2 ボタン、スナップボタンを縫いつける。

【ショートパンツ】
1 くさり編みの作り目で34目作り、輪にしてⓐを編む。ⓐにくさり編みの作り目6目をつけ足し、編み図の通りにⓑを編む。

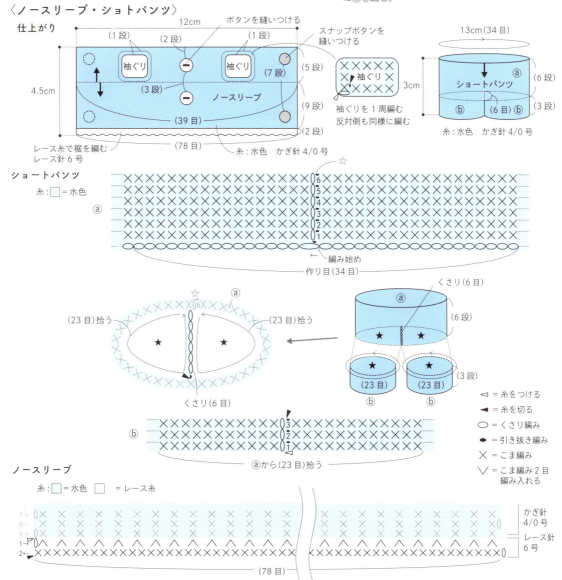

幼稚園スモックのあみむす

今日も幼稚園でいっぱいお友だちと遊んだの！
元気カラーの幼稚園スタイルと2つ結びの髪型がお気に入り♪

あみ（2つ結び）	スモック	ショートパンツ	帽子	靴	かばん
素体→P.10 髪型→P.79	P.60	P.60	P.73	P.73	P.73

セーラー服のあみむす

今日はこのあとクラスメイトと
クレープ食べに行くんだ♡
定番デザインのセーラー服の足元は
ローファーで決まり！

18

ITEM & RECIPE

みむ（ストレート）
素体→P.10
髪型→P.79

＋

セーラー服
P.58

ローファー
P.74

パジャマのあみむす

カーテンを開けたら
うーんと大きく伸びをして
新しい朝のはじまり！
今日はどんな楽しいことが
待ってるかな♪

19

みむ（ウェーブ）
素体→P.10
髪型→P.79

長袖
P.36

ズボン
P.36

ルームウェアのあみむす

大好きなルームウェアに着替えたら
本を読んだりホットミルクを飲んだり、
のんびり過ごしましょ♡
楽しかった一日を思い出しながら……

20

| ITEM & RECIPE | あみ（サイド結び）
素体→P.10
髪型→P.79 | + | ノースリーブ
P.37 | ショートパンツ
P.37 | ヘアゴム
P.65 |

あみむすワードローブ

ちょっぴり民族衣装風な
セットアップで
よそ行き風♪
斜めにかぶった
帽子がポイント！

A シャツ

B C ワンピース

D E 編み上げ靴

♪ RECIPE
A、B、C → P.46
D、E → P.75

あみむすワードローブ

さくらんぼがポイントの
ワンピースに
長袖カーディガンを羽織って
あったかコーデ♪
ベレー帽はカーディガンと同じ
赤で揃えてみたの！

ワンピース

ベレー帽

♪ RECIPE
K、L → P.47
M、N → P.76

Autumn & Winter

木枯らしの吹く秋冬シーズンは
あったかい色合いのお洋服がぴったり。
組み合わせ次第でコーディネートを
いっぱい楽しめそう！

あみのコーディネートを
パープル系のアイテムに変えて
ちょっぴり大人っぽく。
リボンのついたバッグも
かわいいでしょ♡

かばん

カーディガン

ブーツ

♪ RECIPE
O、R、S → P.76
P、Q → P.47

45

あみむすワードローブ
▶▶ Photo P.42

♪ 材料

Ⓐ 【糸】……… ハマナカピッコロ #1(白) 6g
  【その他】… スナップボタン[6mm]3個、サテンリボン[3mm幅](黒)10cm、手縫い糸(白)・(黒)適量

Ⓑ 【糸】……… ハマナカピッコロ #6(赤) 13g、#20(黒) 1g、#40レース糸(黒) 1g
  【その他】… ボタン[7mm](黒) 2個、スナップボタン[6mm]4個、手縫い糸(赤)・(黒)適量

Ⓒ 【糸】……… ハマナカピッコロ #41(クリーム) 13g、#1(白) 1g、#40レース糸(白) 1g
  【その他】… ボタン[7mm](白) 2個、スナップボタン[6mm] 4個、手縫い糸(白)・(黄色)適量

♪ 用具
かぎ針4/0号、レース針6号、とじ針、手縫い針

♪ できあがり寸法
Ⓐ 【シャツ】……… 着丈4.5cm
ⒷⒸ 【ワンピース】… 着丈11cm

♪ 編み方

Ⓐ 【シャツ】
1 「基本のあみむす〈ワンピース〉(P.18)」の1段〜9段と28段〜32段までを編む。
2 袖ぐりに糸を付け足し、「秋のあみむす〈ワンピース〉袖(P.24)」の袖を8段まで編み、半袖に仕上げる。
3 スナップボタンをつける。
4 サテンリボンをつける。

ⒷⒸ 【ワンピース】
1 「基本のあみむす〈ワンピース〉(P.18)」の編み図の通りに編む。裾にレース糸をつけ3段編む。
2 ボタン、スナップボタンを縫いつける。
3 Ⓑは黒Ⓒは白の毛糸(1本どり)でワンピースの前の部分にストレートステッチを刺しゅうする。

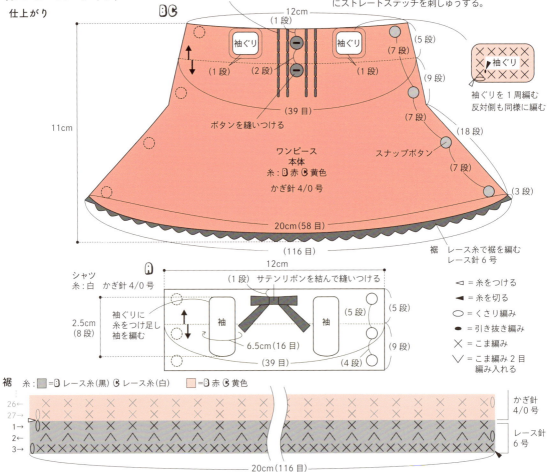

あみむすワードローブ

▶▶ Photo P.44,45

♪材料

K【糸】……… ハマナカピッコロ #25(オレンジ) 9g、#42(黄) 4g、#26(朱赤) 1g
【その他】… スナップボタン[6mm] 4個、フェルト(緑) 適量、#25刺しゅう糸(緑) 適量、手縫い糸(オレンジ)・(赤) 適量

L【糸】……… ハマナカピッコロ #14(薄紫) 9g、#33(薄グレー) 4g、#31(濃紫) 2g
【その他】… スナップボタン[6mm] 4個、手縫い糸(薄紫)・(薄グレー)適量

P【糸】……… ハマナカピッコロ #26(朱赤) 10g
【その他】… ボタン[7mm](紫)1個、スナップボタン[6mm]1個、手縫い糸(赤) 適量

Q【糸】……… ハマナカピッコロ #31(濃紫) 10g
【その他】… ボタン[7mm](赤)1個、スナップボタン[6mm]1個、手縫い糸(濃紫) 適量

♪用具
かぎ針4/0号、とじ針、手縫い針

♪できあがり寸法
KL【ワンピース】……… 着丈11cm
PQ【カーディガン】…… 着丈5.5cm

♪編み方

KL【ワンピース】
1 「基本のあみむす〈ワンピース〉(P.18)」の編み図で、下部8段めまで編み、糸の配色を替え25段めまで編む。26段めは裾の編み図で編む。
2 スナップボタンを縫いつける。
3 **K**はさくらんぼの葉を型紙に合わせて切り、さくらんぼを編む。ワンピース本体に葉をボンドでつけ、さくらんぼを縫いつける。ストレートステッチで茎を刺しゅうする。**L**は花を編み、縫いつける。

PQ【カーディガン】
1 「基本のあみむす〈ワンピース〉(P.18)」の下部を9段まで編む。10段めを増やし目なしで編み、丈を短く仕上げる。
2 袖ぐりに糸を付け足し、「秋のあみむす〈ワンピース〉袖(P.24)」の袖を編み、縁編みを1段する。
3 ボタン、スナップボタンを縫いつける。

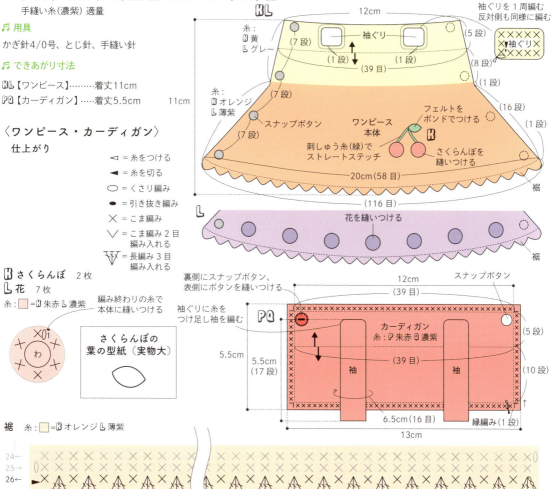

あみむす backstyle

この本に出てきたあみむすたちの後ろ姿が大集合！
あみむす作りのご参考に。

02 春のあみむす

▶▶ Photo P.20

♪ 材料
【糸】………… ハマナカピッコロ #47(ピンク) 20g
【その他】……… スナップボタン[6mm] 4個、トーションレース[1cm幅] 90cm、手縫い糸(ピンク) 適量

♪ 用具
かぎ針4/0号、とじ針、手縫い針

♪ できあがり寸法
着丈11cm

♪ 編み方
【ワンピース】
1 「基本のあみむす〈ワンピース〉(P.18)」を編む。
2 袖ぐりに糸を付け足し、「秋のあみむす〈ワンピース〉袖(P.24)」の編み図の通りに編む。
3 襟を編む。
4 ワンピースの裾、襟にトーションレースを縫いつける。
5 襟をワンピース本体に縫いつける。
4 スナップボタンを縫いつける。

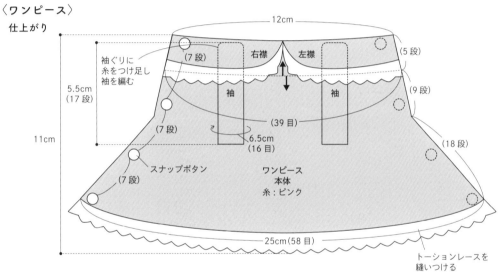

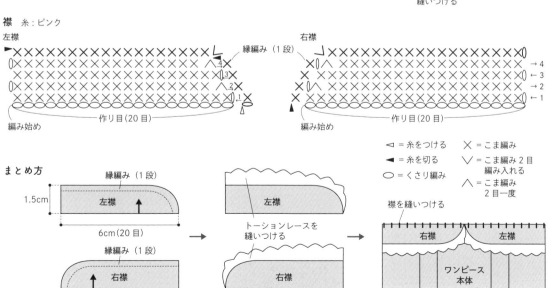

49

03 夏のあみむす

▶▶ Photo P.21

♪材料
- 【糸】……………ハマナカピッコロ #23(青) 15g
- 【その他】………ボタン[7mm] (青) 2個、スナップボタン[6mm] 4個、手縫い糸(青) 適量、お好みのトーションレース2種類 30cm、5cm

♪用具
かぎ針4/0号、とじ針、手縫い針

♪できあがり寸法
着丈11cm

♪編み方
【ワンピース】
1. 「基本のあみむす〈ワンピース〉(P.18)」を24段まで編み、裾を4段編み足す。
2. 胸と裾にお好みのトーションレースを縫いつける。
3. ボタン、スナップボタンを縫いつける。

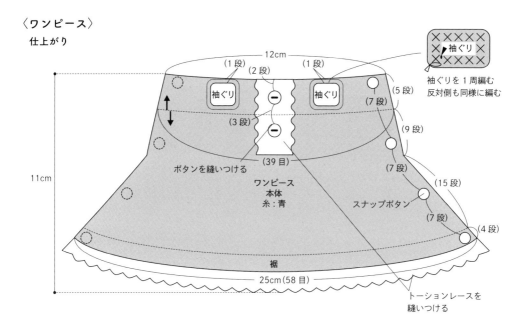

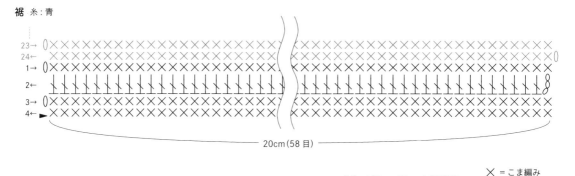

クリスマスのあみむす

▶▶ Photo P.26

🎵 材料
【糸】……………ハマナカピッコロ #6(赤) 23g、ハマナカソノモノループ #51(白) 4g
【その他】………スナップボタン[6mm] 5個、手縫い糸(赤) 適量

🎵 用具
かぎ針4/0号・5/0号、とじ針、手縫い針

🎵 できあがり寸法
着丈10cm

🎵 編み方
【ワンピース】
1 「基本のあみむす〈ワンピース〉(P.18)」の編み図で、下部を24段まで編む。25段めは糸を替えて1段編む。
2 袖ぐりに糸をつけ足し、こま編みを1段編む。
3 スナップボタンを縫いつける。

【ケープ】
1 くさり編みの作り目28目作り、編み図の通りに編む。
2 本体の糸の始末をしてから糸(白)をつけ足し、縁編みを1段編む。
3 スナップボタンを縫いつける。

〈ワンピースとケープ〉
仕上がり

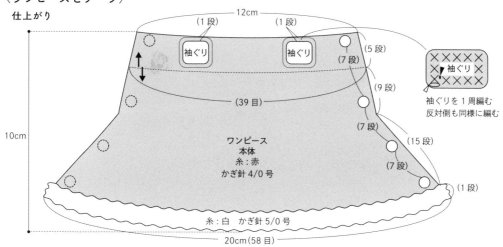

本体目数表

段数	目数	色
26〜30	39目	赤
25	58目	白
11〜24	58目	赤
10	58目(+19目)	赤
1〜9	39目	赤

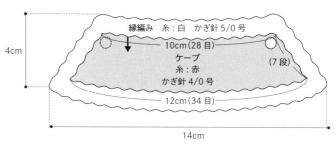

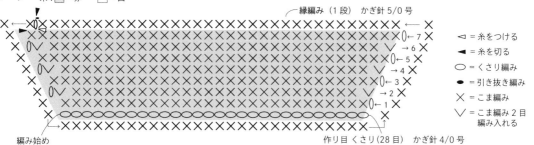

ハロウィンのあみむす

▶▶ Photo P.27

♪ 材料
【糸】……………ハマナカピッコロ #7(オレンジ) 7g、#20(黒) 10g
【その他】………スナップボタン[6mm] 4個、ボタン[7mm] 2個、リボンパーツ(オレンジ) 1個、手縫い糸(オレンジ)・(黒) 適量

♪ 用具
かぎ針4/0号、とじ針、手縫い針

♪ できあがり寸法
着丈9cm

♪ 編み方
【ワンピース】
1 くさり編みで作り目を作り、編み図の通りに編む。
2 袖ぐりに糸を付け足し、袖を編む。
3 スナップボタン、ボタン、リボンパーツを縫いつける。

※あみむす「あみ(2つ結び)」は足を「ハマナカピッコロ#1(白)」で編む。編み方は「基本のあみむす(P.12～17)」参照。

〈ワンピース〉
仕上がり

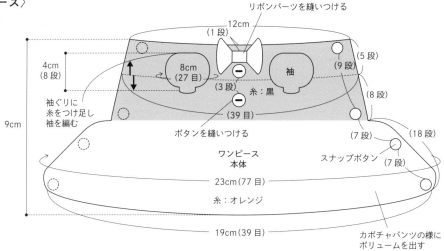

袖
糸：□=黒

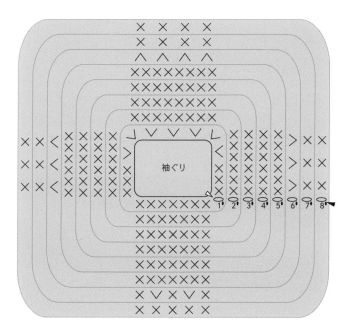

◁ = 糸をつける
◀ = 糸を切る
○ = くさり編み
● = 引き抜き編み
× = こま編み
∨ = こま編み2目編み入れる
∧ = こま編み2目一度

本体

糸：☐ = 黒　☐ = オレンジ

お姫さまのあみむす
▶▶ Photo P.28

材料
【糸】………… ハマナカピッコロ #22（ショッキングピンク）26g
【その他】……… スナップボタン[6mm] 6個、トーションレース[1cm幅] 30cm、パールビーズ[3mm] 42個、手縫い糸（ピンク）適量

用具
かぎ針4/0号、とじ針、手縫い針

できあがり寸法
着丈15cm

編み方
【ドレス】

1. 「ハロウィンのあみむす〈ワンピース〉(P.53)」の編み図の通りに下部を24段まで編み、25段め以降は増減なしで41段めまで編む。
2. 袖ぐりに糸をつけ、「ハロウィンのあみむす〈ワンピース〉袖(P.52)」の編み図の通りに編む。
3. スナップボタンを縫いつける。
4. トーションレースを裾に縫いつける。
5. パールビーズを胸元と裾に縫いつける。

〈ドレス〉
仕上がり

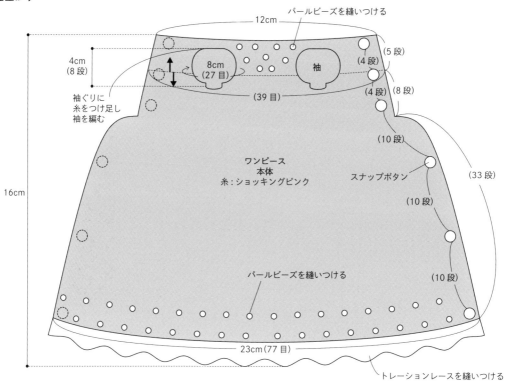

パティシエのあみむす
▶▶ Photo P.34

♪ 材料
【糸】............ ハマナカピッコロ #1(白) 9g、#20(黒) 11g、#32 (抹茶色) 5g
【その他】........ ボタン[7mm] 3個、スナップボタン[6mm] 4個、リボン(チェック柄) [5mm幅] 6cm、手縫い糸(白)・(抹茶色) 適量

♪ 用具
かぎ針4/0号、とじ針、手縫い針、ボンド

♪ できあがり寸法
【シャツ】......... 着丈4.5cm
【ズボン】......... 総丈11cm
【エプロン】...... 着丈8cm

♪ 編み方
【シャツ】
1 「基本のあみむす〈ワンピース〉(P.18)」の編み図の通りに下部を9段まで編み、丈を短く仕上げる。
2 袖ぐりに糸を付け足し、「秋のあみむす〈ワンピース〉袖(P.24)」の編み図の通りに編む。
3 ボタン、スナップボタンを縫いつけ、リボンをボンドでつける。

【ズボン】
1 「ルームウェアのあみむす〈ショートパンツ〉(P.37)」のⓑを31段にして編み図の通りに編む。

【エプロン】
1 くさり編みの作り目39目作り、編み図の通りに編む。
2 本体の糸を始末してから糸をつけ足し周りを編む。
3 スナップボタンを縫いつける。

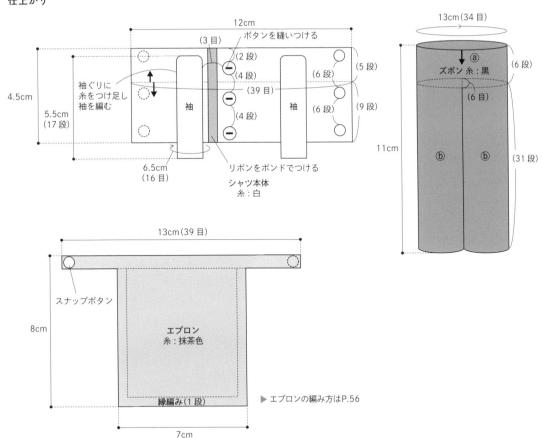

〈シャツ・ズボン・エプロン〉
仕上がり

▶ エプロンの編み方はP.56

パティシエのあみむす (P.55)

エプロン　糸：抹茶色

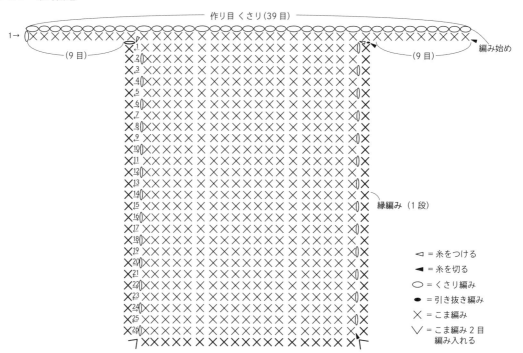

ウエイトレスのあみむす (P.57)

エプロン　糸：白

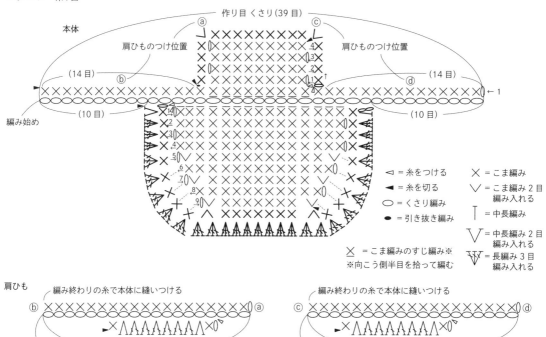

ウエイトレスのあみむす

▶▶ Photo P.32

♪ 材料
【糸】……………ハマナカピッコロ #20(黒) 15g、#1(白) 5g
【その他】………スナップボタン[6mm] 5個、ボタン[7mm] (白) 1個、手縫い糸(黒)・(白) 適量

♪ 用具
かぎ針4/0号、とじ針、手縫い針

♪ できあがり寸法
【ワンピース】…… 着丈11cm
【エプロン】……… 着丈6.5cm

♪ 編み方
【ワンピース】
1 「基本のあみむす〈ワンピース〉(P.18)」の編み図で編む。
2 袖ぐりに糸をつけ、「ハロウィンのあみむす〈ワンピース〉袖(P.52)」の編み図の通りに編む。
3 襟を「パジャマのあみむす〈長袖〉襟(P.36)」の編み図を通りに編み、ワンピース本体に縫いつける。
4 ボタン、スナップボタンを縫いつける。
【エプロン】
1 くさり編みの作り目39目作り、編み図の通りに編む。
2 肩ひもを編み、各々ⓐ〜ⓓの位置でエプロン本体に縫いつける。
3 スナップボタンを縫いつける。

〈ワンピース・エプロン〉
仕上がり

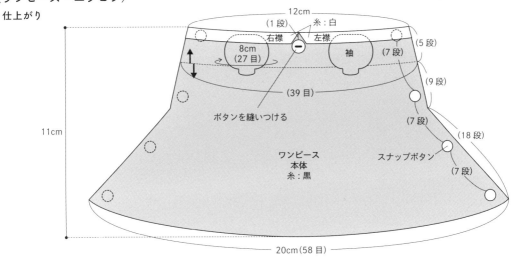

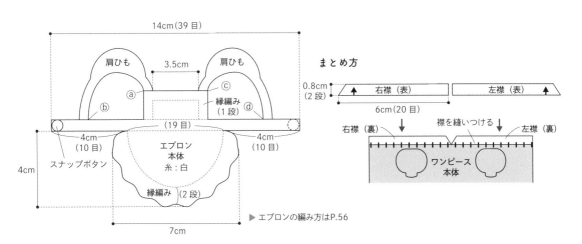

▶ エプロンの編み方はP.56

セーラー服のあみむす

▶▶ Photo P.39

♪材料
- 【糸】………… ハマナカピッコロ #36(紺色) 14g、#1(白) 6g
- 【その他】……… スナップボタン[6mm] 6個、フェルト(赤) 適量、手縫い糸(赤)・(紺色)・(白) 適量

♪用具
かぎ針4/0号、とじ針、手縫い針

♪できあがり寸法
着丈11cm

♪編み方
【セーラー服】

1. 「基本のあみむす〈ワンピース〉(P.18)」を表の配色で編む。本体上部を1段多く編む。
2. 袖ぐりに糸を付け足し、「秋のあみむす〈ワンピース〉袖(P.24)」の編み図の通りに8段まで編み、半袖に仕上げる。
3. スナップボタンを縫いつける。
4. フェルトでリボンを作る。
5. つけ襟を編み、スナップボタンを縫いつける。

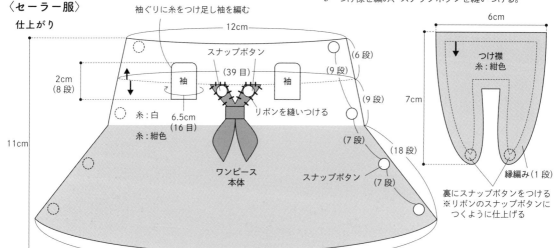

本体目数表

段数	目数	色
28〜33	39目	白
11〜27	58目	紺色
10	58目(+19目)	紺色
1〜9	39目	白

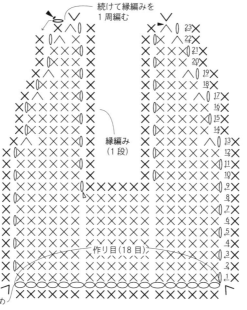

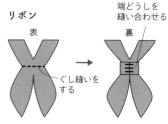

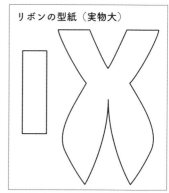

お花屋さんのあみむす

▶▶ Photo P.33

♪ 材料
【糸】……………ハマナカピッコロ #9(黄緑) 5g、#1(白) 5g、#32(抹茶色) 5g、#38(ベージュ) 11g
【その他】………スナップボタン[6mm] 4個、フェルト(オレンジ)・(黄色)適量、刺しゅう糸(オレンジ)・(黄色)適量、手縫い糸(白)適量

♪ 用具
かぎ針4/0号、とじ針、刺しゅう針、手縫い針

♪ できあがり寸法
【エプロン】……着丈8.5cm
【シャツ】………着丈5cm
【ズボン】………総丈11cm

♪ 編み方
【エプロン】
1 くさり編みの作り目39目作り、編み図の通りに編む。
2 本体の糸を始末してから糸をつけ足し周りを編む。
3 フェルトで花を作り、エプロンに縫いつける。
4 スナップボタンを縫いつける。
5 肩ひもを編み、本体に縫いつける。

【シャツ】
1 「基本のあみむす〈ワンピース〉(P.18)」の編み図の通りに糸の配色を2段ずつ替えながら、上部を6段、下部を10段まで編み、丈を短く仕上げる。
2 袖ぐりに糸を付け足し、「秋のあみむす〈ワンピース〉袖(P.24)」の編み図を18段にして、糸の配色を2段ずつ替えながら袖を編む。
3 スナップボタンを縫いつける。

【ズボン】
1 「ルームウェアのあみむす〈ショートパンツ〉(P.37)」のⓑを31段にして編み図の通りに編む。

〈シャツ・ズボン・エプロン〉
仕上がり

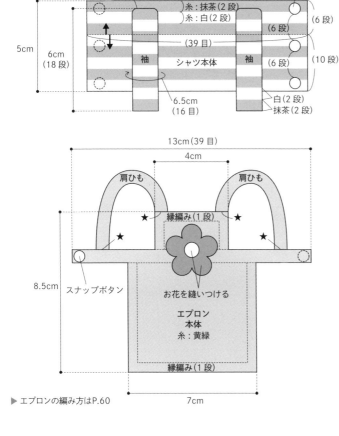

▶エプロンの編み方はP.60

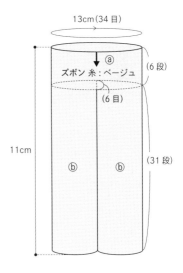

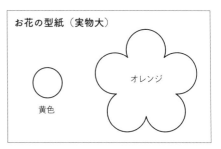

お花の型紙(実物大)

お花屋さんのあみむす (P.59)

エプロン　糸：黄緑

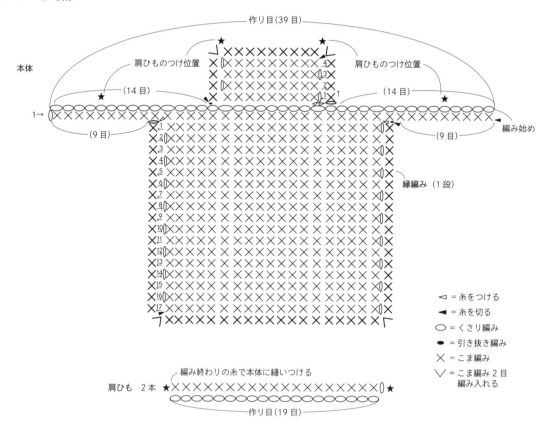

幼稚園スモックのあみむす

▶▶ Photo P.38

🎵 材料
【糸】……………ハマナカピッコロ #12(水色) 12g、#1(白) 1g、#4(ピンク) 3g
【その他】………スナップボタン[6mm] 3個、手縫い糸(水色)・(白) 適量

🎵 用具
かぎ針4/0号、とじ針、手縫い針

🎵 できあがり寸法
【スモック】…………着丈6.5cm
【ショートパンツ】…総丈3cm

🎵 編み方
【スモック】
1　編み図の通りに編む。
2　襟を「パジャマのあみむす〈長袖〉襟(P.36)」の編み図の通りに編み、本体に縫いつける。
3　袖ぐりに糸を付け足し、「秋のあみむす〈ワンピース〉袖(P.24)」の編み図の通りに編む。
4　スナップボタンを縫いつける。
【ショートパンツ】
1　「ルームウェアのあみむす〈ショートパンツ〉(P.37)」を編む。

※あみむす「あみ(2つ結び)」は足を「ハマナカピッコロ#1(白)」で編む。編み方は「基本のあみむす(P.12〜17)」参照。

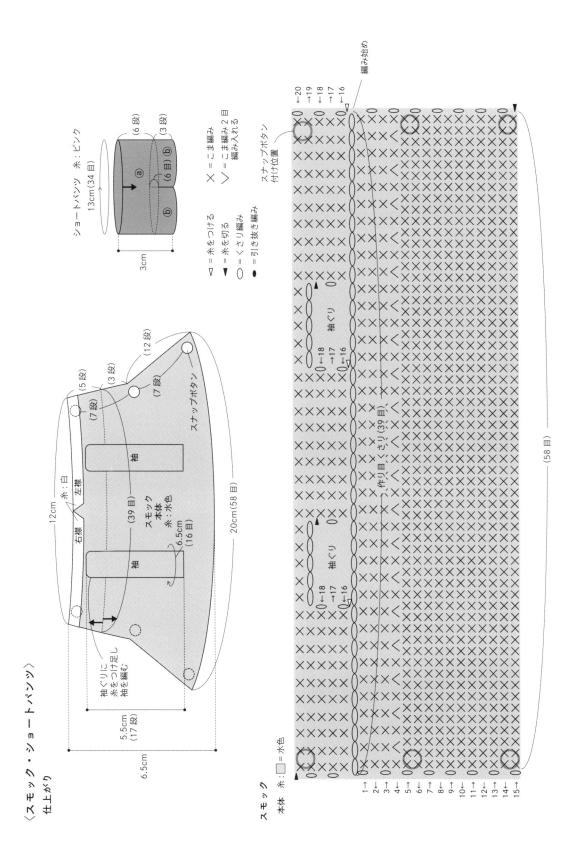

02 春のあみむす

▶▶ Photo P.20

🎵 **材料**

【糸】................ ハマナカピッコロ #47(ピンク) 6g
【その他】......... スナップボタン[6mm] 2個、トーションレース[1cm幅] 90cm、パッチンどめ 1個、手縫い糸(ピンク) 適量

🎵 **用具**

かぎ針4/0号、とじ針、手縫い針

🎵 **できあがり寸法**

【靴】................ 周囲7cm×高さ1.5cm
【髪飾り】......... 横8.5cm×縦4.5cm

🎵 **編み方**

【靴】
1 靴本体を「幼稚園スモックのあみむす〈靴〉(P.74)」と同様に編む。
2 ひもを「ウエイトレスのあみむす〈靴〉ひも(P.71)」と同様に編む。靴本体にひもを縫いつけ、スナップボタンを縫いつける。
3 もう片方も同様に作る。

【髪飾り】
1 くさり編みの作り目8目作り、ⓐを編み図の通りに編む。
2 くさり編みの作り目8目作り、ⓑを編み図の通りに編む。
3 ⓑをⓐの中心に巻き、裏側でⓑの端どうしを縫い合わせる。
4 パッチンどめを縫いつける。

〈靴・髪飾り〉

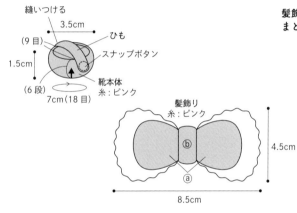

髪飾り 糸：ピンク

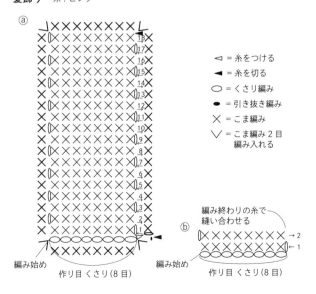

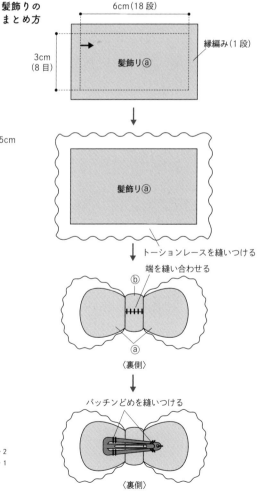

秋のあみむす

>> Photo P.22

♪ 材料
【糸】……… ハマナカピッコロ #35(カーキ) 10g、#20(黒) 3g

♪ 用具
かぎ針4/0号、とじ針

♪ できあがり寸法
【ブーツ】……… 周囲7cm×高さ4cm
【ベレー帽】…… 頭まわり24cm×高さ6.5cm

♪ 編み方
【ブーツ】
1 編み図の通りこま編みをする。
2 もう片方も同様に編む。
【ベレー帽】
1 編み図の通りこま編みをする。
2 飾りパーツを帽子のてっぺんに2つ折りにして縫いつける。

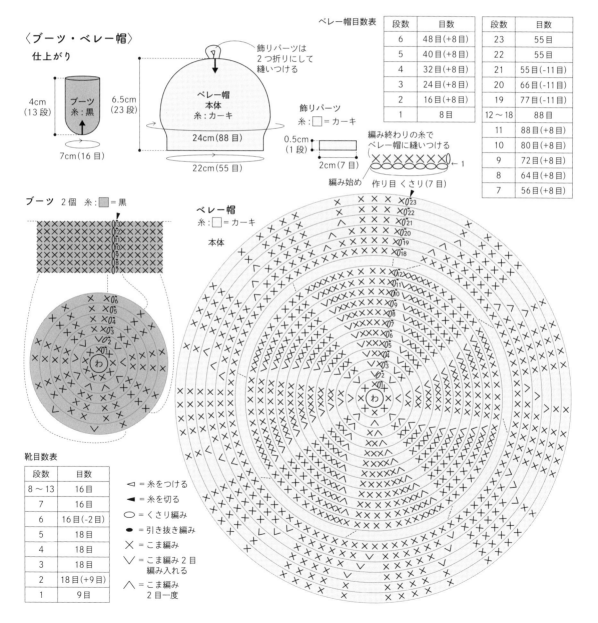

03 夏のあみむす

▶▶ Photo P.21

♪ 材料

【糸】................ ハマナカピッコロ #23(青) 1g、ハマナカエコアンダリヤ#42(黄土色) 24g
【その他】......... ゴムテープ[3.5mm幅] 10cm、手縫い糸(白) 適量

♪ 用具

かぎ針4/0号・5/0号、とじ針、手縫い針

♪ できあがり寸法

【サンダル】....... 周囲7.5cm×高さ1cm
【かごバッグ】.... 縦6cm×横6cm
【麦わら帽子】... 頭まわり25cm×高さ3cm

♪ 編み方

【サンダル】
1　輪の作り目で目を作りⓐを作る。
2　ⓐをⓑに巻きかがりで縫いつける。
3　もう片方も同様に作る。

【かごバッグ】
1　輪の作り目で目を作りバッグ本体を作る。くさり編みの作り目で目を作り、持ち手を編む。
2　くさり編みの作り目8目作り、ⓑを編み図の通りに編む。
3　持ち手をバッグ本体に巻きかがりで縫いつける。

【麦わら帽子】
1　輪の作り目で目を作り、編み図の通りに編む。
2　ゴムテープを縫いつける。

〈サンダル・かごバッグ・麦わら帽子〉

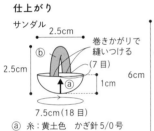

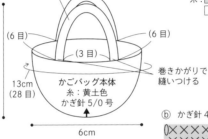

サンダル
糸：▨ = 青
　　□ = 黄土色

✕ = こま編みのすじ編み※
※向こう側半目を拾って編む

ⓐ かぎ針 5/0号

ⓐ目数表

段数	目数
3	18目
2	18目(+9目)
1	9目

かごバッグ
糸：□ = 黄土色
かぎ針 5/0号

本体

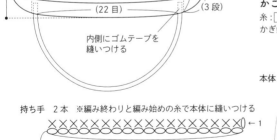

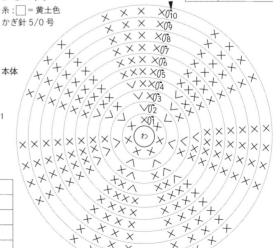

◀ = 糸を切る
◯ = くさり編み
● = 引き抜き編み
✕ = こま編み
∨ = こま編み2目編み入れる

バッグ本体目数表

段数	目数	段数	目数
5	28目	10	28目
4	28目(+7目)	9	28目
3	21目(+7目)	8	28目
2	14目(+7目)	7	28目
1	7目	6	28目

麦わら帽子

糸 : ☐ = 黄土色　かぎ針 5/0 号

- ◁ = 糸をつける
- ◀ = 糸を切る
- ◯ = くさり編み
- ● = 引き抜き編み
- ✕ = こま編み
- ∨ = こま編み 2 目編み入れる
- ∧ = こま編み 2 目一度

✕ = こま編みのすじ編み※

※手前側半目を拾って編む

麦わら帽子目数表

段数	目数
16	56目
15	56目
14	56目
13	56目
8〜12	56目
7	56目(+8目)
6	48目(+8目)
5	40目(+8目)
4	32目(+8目)
3	24目(+8目)
2	16目(+8目)
1	8目

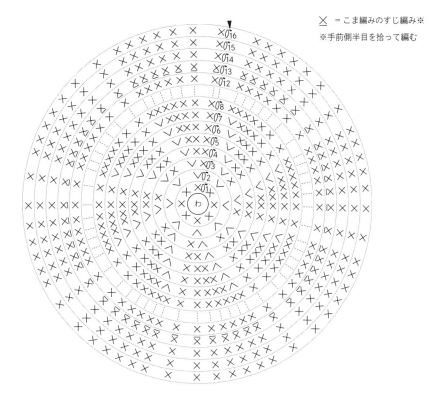

20 ルームウェアのあみむす

▶▶ Photo P.41

♪ 材料
- 【糸】……… ハマナカピッコロ #12(水色) 2g
- 【その他】…… ゴム(茶) 20cm

♪ 用具
かぎ針4/0号、とじ針

♪ できあがり寸法
【ヘアゴム】…… ボンボン 直径1.5cm

♪ 編み方
【ヘアゴム】
1　輪の作り目で目を作り、編み図の通りに編み、しぼり止めをしてボンボンを1個作る。ゴムを10cmに切り、ボンボンに通す。2個めはゴムを通してボンボンの中にゴムの結び目を入れてからしぼり止めをする。

2　同様にもう1個作る。

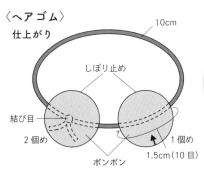

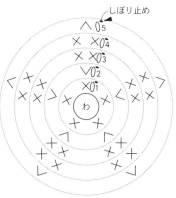

- ◀ = 糸を切る
- ◯ = くさり編み
- ● = 引き抜き編み
- ✕ = こま編み
- ∨ = こま編み 2 目編み入れる
- ∧ = こま編み 2 目一度

ボンボン目数表

段数	目数
5	5目(-5目)
4	10目
3	10目
2	10目(+5目)
1	5目

05 冬のあみむす

▶▶ Photo P.23

🎵 **材料**
【糸】………… ハマナカピッコロ #2(生成り) 18g
【その他】……… 手縫い糸(白) 適量

🎵 **用具**
かぎ針4/0号、とじ針、手縫い針、ハマナカくるくるボンボン

🎵 **できあがり寸法**
【ブーツ】………… 周囲7cm×高さ4cm
【ボンボン帽子】… 頭まわり21cm×高さ7.5cm
【マフラー】……… 幅2cm×長さ33cm(フリンジ含む)

🎵 **編み方**
【ブーツ】
1 「秋のあみむす〈ブーツ〉(P.63)」と同様に編む。
【ボンボン帽子】
1 「幼稚園スモックのあみむす〈帽子〉(P.74)」の編み図の通りに7段編み、8段めでさらに8目増やし目をする。9段めからは目の増減なしでこま編みを12段編む。
2 くるくるボンボンで直径3.5cmのボンボンを作り、ボンボン帽子本体に縫いつける。
3 ゴムテープを縫いつける。
【マフラー】
1 くさり編みの作り目6目作り、84段こま編みで編む。両端にフリンジをつける。

〈ボンボン帽子・マフラー〉
仕上がり

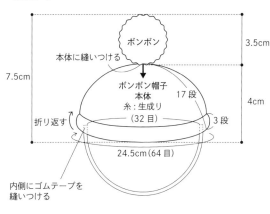

ボンボン帽子目数表

段数	目数	段数	目数
5	40目(+8目)	9〜20	64目
4	32目(+8目)	8	64目(+8目)
3	24目(+8目)	7	56目(+8目)
2	16目(+8目)	6	48目(+8目)
1	8目		

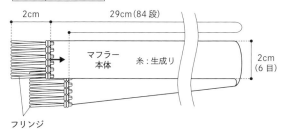

マフラー　糸:生成り

◀ = 糸を切る
◯ = くさり編み
✕ = こま編み

フリンジの作り方　糸:生成り

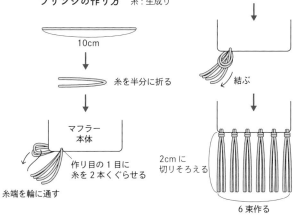

クリスマスのあみむす

▶▶ Photo P.26

♪ 材料
【糸】.............. ハマナカピッコロ #6(赤) 14g、#17(茶) 3g、ハマナカソノモノループ#51(白) 3g
【その他】......... ゴムテープ[3.5mm幅] 10cm、手縫い糸(白) 適量

♪ 用具
かぎ針4/0号・5/0号、とじ針、手縫い針、ハマナカくるくるボンボン

♪ できあがり寸法
【ブーツ】......... 周囲7cm×高さ4cm
【三角帽子】...... 頭まわり28 cm×高さ6.5cm

♪ 編み方
【ブーツ】
1 茶の糸で「秋のあみむす〈ブーツ〉(P.63)」と同様に編む。

【三角帽子】
1 輪の作り目で目を作り、編み図の通りに編む。
2 本体の糸を始末し、糸をつけ替えてこま編みを1段編む。
3 くるくるボンボンで直径3.5cmのボンボンを作り、三角帽子本体に縫いつける。
4 ゴムテープを縫いつける。

三角帽子目数表

段数	目数	段数	目数
10	40目	24	80目
9	40目	20〜23	80目
8	40目(+8目)	19	80目(+8目)
7	32目(+8目)	18	72目
6	24目	17	72目
5	24目	16	72目(+8目)
4	24目(+8目)	15	64目(+8目)
3	16目(+8目)	14	56目
2	8目	13	56目
1	8目	12	56目(+8目)
		11	48目(+8目)

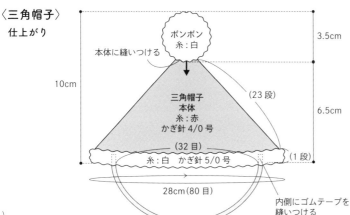

三角帽子
糸：□=赤　□=白

◁ = 糸をつける
◀ = 糸を切る
○ = くさり編み
● = 引き抜き編み
× = こま編み
∨ = こま編み2目編み入れる

ハロウィンのあみむす
▶▶ Photo P.27

♪ 材料
【糸】............... ハマナカピッコロ #35(カーキ) 3g、#20(黒) 10g
【その他】......... ゴムテープ[3.5mm幅] 10cm、手縫い糸(黒) 適量

♪ 用具
かぎ針4/0号、とじ針、手縫い針

♪ できあがり寸法
【ブーツ】......... 周囲7cm×高さ4cm
【三角帽子】...... 頭まわり24cm×高さ6cm

♪ 編み方
【ブーツ】
1　カーキの糸で「秋のあみむす〈ブーツ〉(P.63)」と同様に編む。
【三角帽子】
1　輪の作り目で目を作り、「クリスマスのあみむす〈三角帽子〉(P.67)」の編み図で24段編み、25段め以降は編み図の通りに帽子のつば部分を編む。
2　ゴムテープを縫いつける。

三角帽子目数表

段数	目数	段数	目数
12	56目(+8目)	27〜29	120目
11	48目(+8目)	26	120目(+40目)
10	40目	25	80目
9	40目	24	80目
8	40目(+8目)	20〜23	80目
7	32目(+8目)	19	80目(+8目)
6	24目	18	72目
5	24目	17	72目
4	24目(+8目)	16	72目(+8目)
3	16目(+8目)	15	64目(+8目)
2	8目	14	56目
1	8目	13	56目

〈三角帽子〉
仕上がり

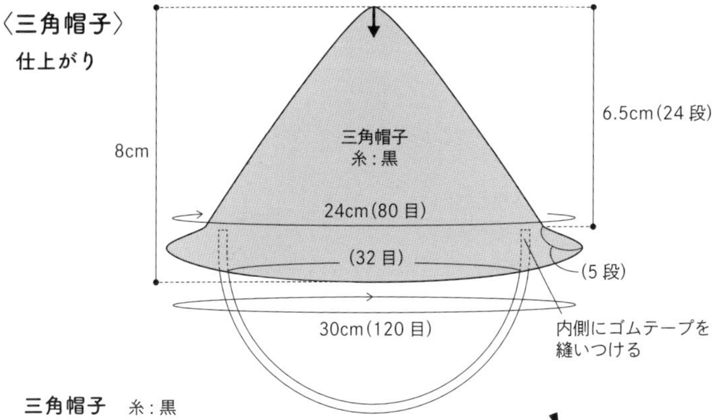

三角帽子
糸:黒
24cm(80目)
(32目)
(5段)
30cm(120目)
8cm
6.5cm(24段)
内側にゴムテープを縫いつける

三角帽子　糸:黒

24段めまでは「クリスマス〈三角帽子〉(P.67)」を参照

◁ = 糸をつける　　○ = くさり編み　　× = こま編み　　× = こま編みのすじ編み※
● = 引き抜き編み　　∨ = こま編み2目編み入れる　　※手前側半目を拾って編む

お花屋さんのあみむす
▶▶ Photo P.33

♪ 材料
【糸】............... ハマナカピッコロ #29(茶) 1g、ハマナカピッコロ #7(オレンジ) 1g
【その他】......... ゴム(茶) 10cm

♪ 用具
かぎ針4/0号、とじ針

♪ できあがり寸法
【靴】............... 周囲7cm×高さ1.5cm
【ヘアゴム】...... ボンボン 直径1.5cm

♪ 編み方
【靴】
1　茶の糸で「幼稚園スモックのあみむす〈靴〉(P.74)」と同様に編む。
【ヘアゴム】
1　オレンジの糸で「ルームウェアのあみむす〈ヘアゴム〉(P.65)」と同様に編む。

お姫さまのあみむす
▶▶ Photo P.28

♪ 材料
- 【糸】............... ハマナカピッコロ #22（ショッキングピンク）2g
- 【その他】......... パールビーズ[3mm] 16個、フェルト（ピンク）適量、トーションレース[1cm幅] 15cm、リボン[3mm幅] 40cm、手縫い糸（ピンク）適量

♪ 用具
かぎ針4/0号、とじ針、手縫い針、ボンド

♪ できあがり寸法
- 【靴】............... 周囲7cm×高さ1.5cm
- 【クラウン】...... 頭まわり15cm×高さ2.5cm

♪ 編み方
【靴】
1. 靴本体を「幼稚園スモックのあみむす〈靴〉(P.74)」と同様に編む。
2. パールビーズを縫いつける。

【クラウン】
1. 型紙に合わせてフェルトを切り、2枚作る。
2. パールビーズを縫いつける。
3. フェルト2枚を重ねてボンドをつける。
4. 端と端をつなげて輪にして縫い合わせる。
5. リボンを縫いつける。

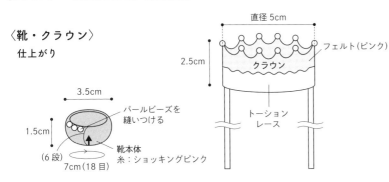

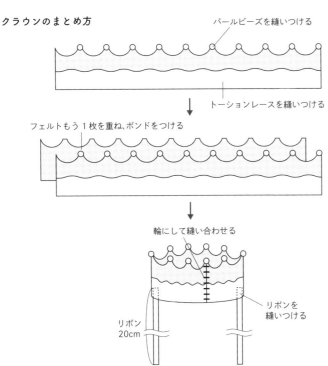

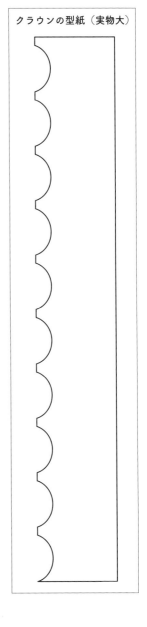

着ぐるみのあみむす

▶▶ Photo P.29

♪ 材料

09 【糸】……… ハマナカソノモノループ #51(白) 48g
【その他】… ゴムテープ[3.5mm幅] 9cm、手縫い糸(白)適量
10 【糸】……… ハマナカソノモノループ #53(茶) 44g
【その他】… ゴムテープ[3.5mm幅] 9cm、手縫い糸(茶)適量

♪ 用具

かぎ針5/0号、とじ針、手縫い針

♪ できあがり寸法

【ブーツ】……… 周囲10cm×高さ5cm
【耳つき帽子】… 頭まわり30cm×高さ4cm

♪ 編み方

【ブーツ】
1 輪の作り目で目を作り、編み図の通りに編む。

【耳つき帽子】
1 帽子本体と耳を輪の作り目で目を作り、編み図の通りに編む。
2 帽子本体に耳を縫いつける。
3 ゴムテープを縫いつける。

▶ 耳つき帽子の編み方はP.71

〈ブーツ・耳つき帽子〉
仕上がり

耳つき帽子
糸：09 白　10 茶

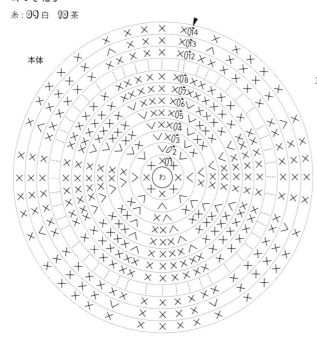

段数	目数
14	40目
13	40目(-8目)
9～12	48目
8	48目
7	48目
6	48目(+8目)
5	40目(+8目)
4	32目(+8目)
3	24目(+8目)
2	16目(+8目)
1	8目

◀ ＝糸を切る
○ ＝くさり編み
● ＝引き抜き編み
× ＝こま編み
∨ ＝こま編み2目編み入れる
∧ ＝こま編み2目一度

ウエイトレスのあみむす

▶▶ Photo P.32

♪ 材料
【糸】…………… ハマナカピッコロ #20(黒) 2g、#1(白) 5g
【その他】……… スナップボタン[6mm] 2個、ゴムテープ[3.5mm幅]15cm、手縫い糸(黒)・(白) 適量

♪ 用具
かぎ針4/0号、とじ針、手縫い針

♪ できあがり寸法
【靴】…………… 周囲7cm×高さ1.5cm
【ヘッドドレス】…頭まわり12cm×高さ2cm

♪ 編み方
【靴】
1 靴本体を「幼稚園スモックのあみむす〈靴〉(P.74)」と同様に編む。
2 ひもを編む。靴本体にひもを縫いつけ、スナップボタンをつける。
【ヘッドドレス】
1 くさり編みの作り目19目作り、編み図の通りに編む。
2 ゴムテープを縫いつける。

〈靴・ヘッドドレス〉
仕上がり

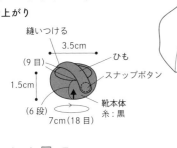

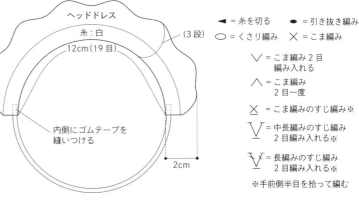

靴 2個 糸：■=黒
ひも

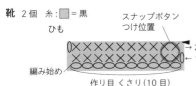

ヘッドドレス 糸：□=白

着ぐるみのあみむす (P.70)

耳つき帽子
糸：09 白 10 茶

耳 2枚

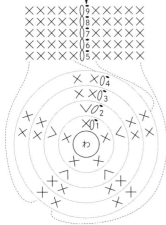

ブーツ目数表

段数	目数
7～9	14目
6	14目(-2目)
3～5	16目
2	16目(+8目)
1	8目

耳目数表

段数	目数
3～9	10目
2	10目(+5目)
1	5目

※10くまの耳は4段めまで編む。
※反対側も同様に編む。

◀ = 糸を切る
○ = くさり編み
● = 引き抜き編み
× = こま編み
V = こま編み2目編み入れる
∧ = こま編み2目一度

ブーツ 2個
糸：09 白 10 茶

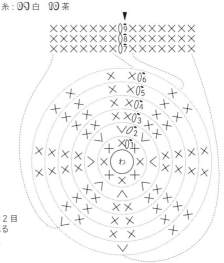

パティシエのあみむす

▶▶ Photo P.34

♪ 材料
【糸】............... ハマナカピッコロ #17(茶) 3g、#1(白) 10g
【その他】......... ゴムテープ[3.5mm幅] 10cm、リボン(チェック柄)
[5mm幅] 20cm、手縫い糸(白) 適量

♪ 用具
かぎ針4/0号、とじ針、手縫い針、ボンド

♪ できあがり寸法
【靴】............... 周囲7cm×高さ1.5cm
【帽子】........... 頭まわり19.5cm×高さ4cm

♪ 編み方
【靴】
1 茶の糸で「幼稚園スモックのあみむす〈靴〉(P.74)」と同様に編む。

【帽子】
1 輪の作り目で目を作り、編み図の通りに編む。
2 リボンをボンドでつける。
3 ゴムテープを縫いつける。

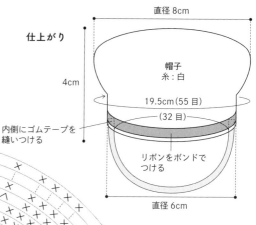

〈帽子〉

◀ = 糸を切る
◯ = くさり編み
● = 引き抜き編み
× = こま編み
∨ = こま編み2目編み入れる
∧ = こま編み2目一度

帽子 糸：白

帽子目数表

段数	目数
19〜25	55目
18	55目(-11目)
17	66目(-11目)
16	77目(-11目)
12〜15	88目
11	88目(+8目)
10	80目(+8目)
9	72目(+8目)
8	64目(+8目)
7	56目(+8目)
6	48目(+8目)
5	40目(+8目)
4	32目(+8目)
3	24目(+8目)
2	16目(+8目)
1	8目

幼稚園スモックのあみむす

▶▶ Photo P.38

🎵 材料
【糸】……………ハマナカピッコロ #8（レモン）12g
【その他】………スナップボタン[6mm] 1個、ゴムテープ[3.5mm幅]
10cm、手縫い糸（黄色）適量

🎵 用具
かぎ針4/0号、とじ針、手縫い針

🎵 できあがり寸法
【靴】……………周囲7cm×高さ1.5cm
【かばん】………縦3.5cm×横5cm、ひも15cm
【帽子】…………頭まわり21cm×高さ4cm

🎵 編み方
【靴】
1　輪の作り目で目を作り、編み図の通りに編む。
【かばん】
1　輪の作り目で目を作り、かばん本体を作る。くさり編みの作り目でひもとふたを編む。
2　ひもとふたをバッグ本体に巻きかがりで縫いつける。
3　スナップボタンをつける。
【帽子】
1　輪の作り目で目を作り、編み図の通りに編む。
2　ゴムテープを縫いつける。

かばん本体目数表

段数	目数
9	24目
8	24目
7	24目(-8目)
6	32目
5	32目
4	32目(+8目)
3	24目(+8目)
2	16目(+8目)
1	8目

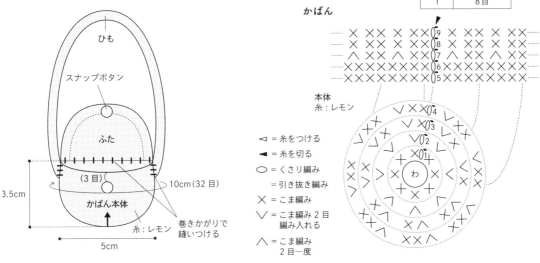

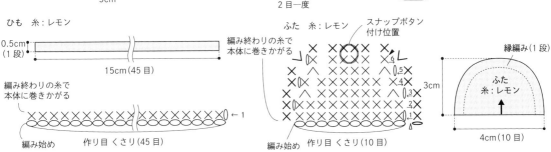

幼稚園スモックのあみむす (P.73)

- ◀ = 糸を切る
- ◯ = くさり編み
- ● = 引き抜き編み
- × = こま編み
- ∨ = こま編み2目編み入れる
- ⨯ = こま編みのすじ編み※
- ※手前側半目を拾って編む

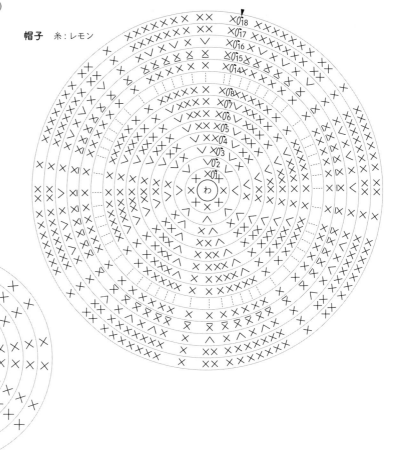

帽子 糸：レモン

靴 2個
糸：レモン

---

18 セーラー服のあみむす

▶▶ Photo P.39

♪ 材料
【糸】………… ハマナカピッコロ #17(茶) 2g

♪ 用具
かぎ針4/0号、とじ針

♪ できあがり寸法
【ローファー】…… 周囲7cm×高さ1.5cm

♪ 編み方
【ローファー】
1. 靴本体を「幼稚園スモックのあみむす〈靴〉(P.74)」と同様に編む。
2. パーツを編む。
3. 靴本体にパーツを縫いつける。

〈ローファー〉
仕上がり

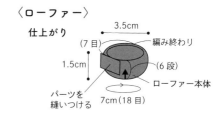

パーツ 2枚

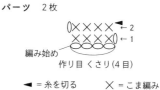

- ◀ = 糸を切る
- × = こま編み
- ◯ = くさり編み

あみむすワードローブ

▶▶ Photo P.42,43

♪材料

- D 【糸】……… ハマナカピッコロ#1(白) 1g
  【その他】… ワックスコード[30cm] (白) 2本
- E 【糸】……… ハマナカピッコロ#20(黒) 1g
  【その他】… ワックスコード[30cm] (黒) 2本
- F 【糸】……… ハマナカピッコロ#9(黄緑) 12g
  【その他】… ゴムテープ[3.5mm幅] 10cm、リボン(チェック柄)
  [5mm幅] 20cm、手縫い糸(黄緑) 適量
- G 【糸】……… ハマナカピッコロ #27(黄土色) 5g、#6(赤) 1g
  【その他】… パッチンどめ 1個、わた 適量、手縫い糸(黄土色) 適量
- H 【糸】……… ハマナカピッコロ#1(白) 5g、#41(クリーム) 1g
  【その他】… パッチンどめ 1個、わた 適量、手縫い糸(白) 適量
- I 【糸】……… ハマナカピッコロ #43(ブルー) 3g
  【その他】… スナップボタン[6mm] 1個、手縫い糸(青) 適量
- J 【糸】……… ハマナカピッコロ #26(朱赤) 3g

♪用具
かぎ針4/0号、とじ針、手縫い針、ボンド

♪できあがり寸法
- DE【編み上げ靴】… 周囲7cm×高さ1.5cm(コード除く)
- F【帽子】……… 頭まわり21cm×高さ4cm
- GH【帽子】…… 頭まわり14cm×高さ3cm
- I【かばん】…… 縦3.5cm×横5cm、ひも15cm
- J【靴】………… 周囲7cm×高さ1.5cm

♪編み方

DE【編み上げ靴】
1. 靴本体を「幼稚園スモックのあみむす〈靴〉(P.74)」と同様に編む。
2. ワックスコードを靴本体に通す。

F【帽子】
1. 「幼稚園スモックのあみむす〈帽子〉(P.74)」と同様に編む。
2. リボンをボンドでつける。
3. ゴムテープを縫いつける。

GH【帽子】
1. 輪の作り目で目を作り、編み図の通りに編む。
2. 帽子本体にわたを入れ、ふたでとじつける。
3. 11段めから目を拾い、1段こま編みをする。
4. パッチンどめを縫いつける。

I【かばん】
1. 「幼稚園スモックのあみむす〈かばん〉(P.73)」と同様に編む。
2. ひもとふたをバッグ本体に巻きかがりで縫いつける。
3. スナップボタン、ボタンをつける。

J【靴】
1. 「幼稚園スモックのあみむす〈靴〉(P.74)」と同様に編む。

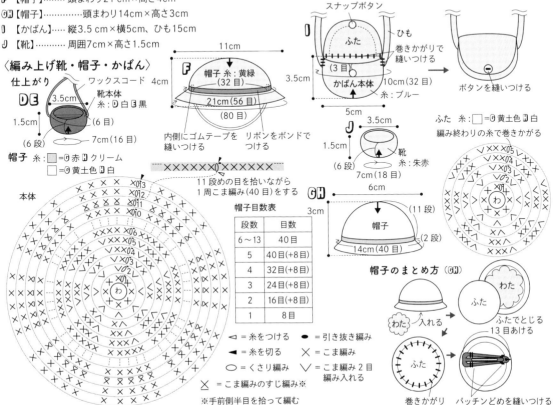

あみむすワードローブ
▶▶ Photo P.44,45

♪ 材料
- ⓜ 【糸】……… ハマナカピッコロ #25(やまぶき色) 10g
  【その他】… ポンテン[10mm] (黄)2個
- ⓝ 【糸】……… ハマナカピッコロ #26(朱赤) 10g
- ⓞ 【糸】……… ハマナカピッコロ #4(ピンク) 4g
  【その他】… ワックスコード[1mm幅] (白) 20cm
- ⓡ 【糸】……… ハマナカピッコロ #31(濃紫) 2g、#14(薄紫) 1g
- ⓢ 【糸】……… ハマナカピッコロ #17(茶) 2g、#21(薄茶色) 1g

♪ 用具
かぎ針4/0号、とじ針、手縫い針

♪ できあがり寸法
- ⓜⓝ 【ベレー帽】… 頭まわり24 cm×高さ6.5cm
- ⓞ 【かばん】…… 縦5.5 cm×横5cm
- ⓡⓢ 【ブーツ】…… 周囲7cm×高さ3.5cm

♪ 編み方
ⓜⓝ 【ベレー帽】
1 「秋のあみむす〈ベレー帽〉(P.63)」と同様に編む。
2 ⓜはポンテンを縫いつける。

ⓞ 【かばん】
1 「夏のあみむす〈かごバッグ〉(P.64)」と同様に編む。
2 持ち手をかばん本体に巻きかがりで縫いつける。
3 リボンをつける。

ⓡⓢ 【ブーツ】
1 輪の作り目で目を作り、編み図の通りに編む。
2 もう片方も同様に編む。

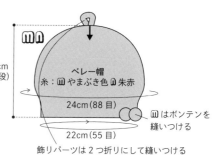

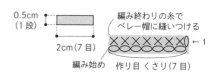

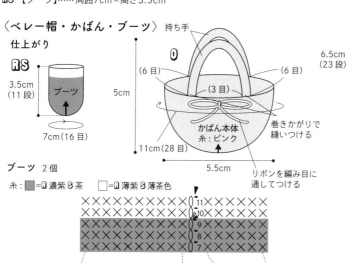

段数	目数	色
11	16目	ⓡ薄紫 ⓢ薄茶色
10	16目	
9	16目	ⓡ濃紫 ⓢ茶
8	16目	
7	16目	
6	16目(-2目)	
5	18目	
4	18目	
3	18目	
2	18目(+9目)	
1	9目	

あみむすブローチ

▶▶ Photo P.35

♪ 材料

14
- 【糸】……………ハマナカピッコロ #3(明るい肌色) 5g、#29(赤茶色) 7g
- 【その他】………ボンテン[10mm](赤)2個

15
- 【糸】……………ハマナカピッコロ #45(肌色) 5g、#8(レモン) 7g
- 【その他】………ボンテン[10mm](黄緑)2個

16
- 【糸】……………ハマナカピッコロ #21(薄茶色) 5g、#20(黒) 7g
- 【その他】………ボンテン[10mm](水色)2個

共通
- 【その他】………わた 適量、楕円のサシ目[8mm] 6個、刺しゅう糸(赤)適量、ブローチ金具[30mm] 3個

♪ 用具

かぎ針4/0号、とじ針、手縫い針、ボンド

♪ できあがり寸法

縦6cm×横6cm

♪ 編み方

1 頭、耳、後ろ髪、おだんごを輪の作り目で目を作り、編み図の通りに表の配色で編む。
2 頭にわたを入れ、巻きかがりでとじる。
3 鼻をストレートステッチ、口をチェーンステッチでつける。目をボンドでつける。
4 耳を巻きかがりでつける。
5 後ろ髪を頭に巻きかがりでつけ、前髪を植毛する(「基本のあみむす 植毛する(P.16～17)」参照)。おだんごにわたを入れ、頭にとじつける。
6 ボンテンを縫いつける。
7 ブローチ金具を縫いつける。

仕上がり

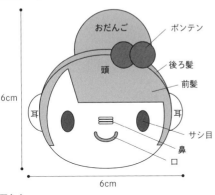

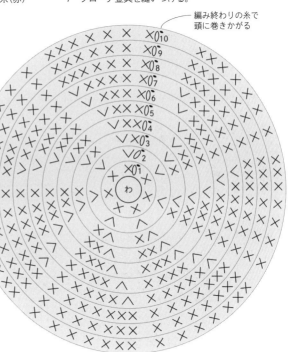

後ろ髪

編み終わりの糸で頭に巻きかがる

配色表

	14	15	16
頭、耳、鼻	明るい肌色	肌色	薄茶色
後ろ髪、おだんご、前髪	赤茶色	レモン	黒
ボンテン	赤	黄緑	水色

耳目数表

段数	目数
3	7目
2	7目(+2目)
1	5目

耳 2枚

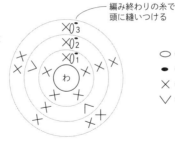

編み終わりの糸で頭に縫いつける

○ = くさり編み
● = 引き抜き編み
× = こま編み
∨ = こま編み2目編み入れる

後ろ髪目数表

段数	目数
8～10	49目
7	49目(+7目)
6	42目(+7目)
5	35目(+7目)
4	28目(+7目)
3	21目(+7目)
2	14目(+7目)
1	7目

頭 ※わたを入れる

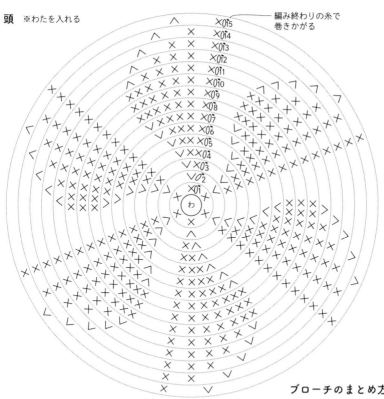

編み終わりの糸で巻きかがる

頭目数表

段数	目数
15	12目(-6目)
14	18目(-6目)
13	24目(-6目)
12	30目(-6目)
11	36目(-6目)
8～10	42目
7	42目(+6目)
6	36目(+6目)
5	30目(+6目)
4	24目(+6目)
3	18目(+6目)
2	12目(+6目)
1	6目

○ = くさり編み
● = 引き抜き編み
✕ = こま編み
∨ = こま編み2目編み入れる
∧ = こま編み2目一度

おだんご ※わたを入れる

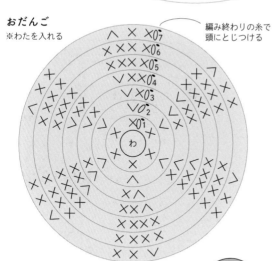

編み終わりの糸で頭にとじつける

おだんご目数表

段数	目数
7	18目(-6目)
6	24目
5	24目
4	24目(+6目)
3	18目(+6目)
2	12目(+6目)
1	6目

ブローチのまとめ方

❶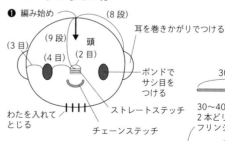

編み始め (8段) 耳を巻きかがりでつける
(3目) (9段) 頭 (2目) ボンドでサシ目をつける
わたを入れてとじる ストレートステッチ チェーンステッチ
30cm 30～40本用意し、2本どりでフリンジをつける

❷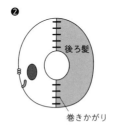
後ろ髪 巻きかがり

❸
(2段) 毛先を入れこむ

❹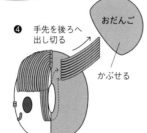
手先を後ろへ出し切る おだんご かぶせる

❺
おだんご 2cm わたを入れてとじつける

❻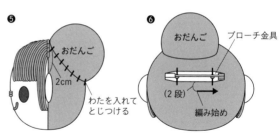
おだんご ブローチ金具 (2段) 編み始め

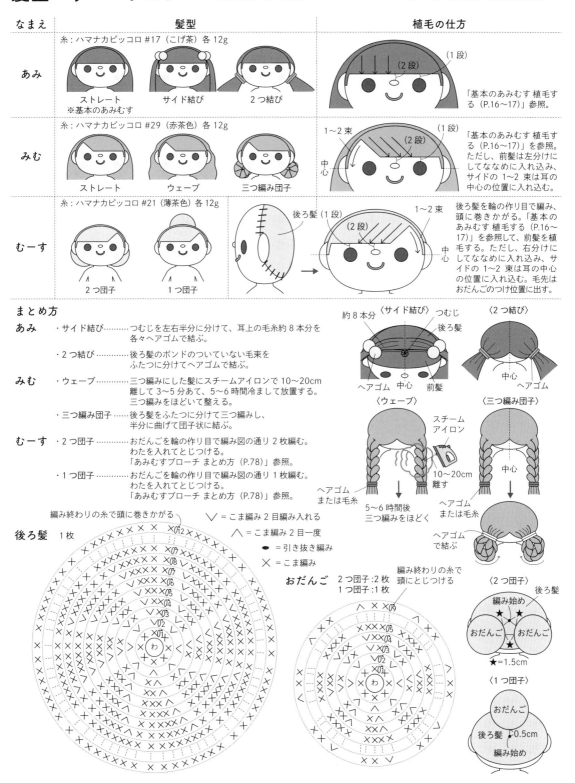

かぎ針編みの基礎

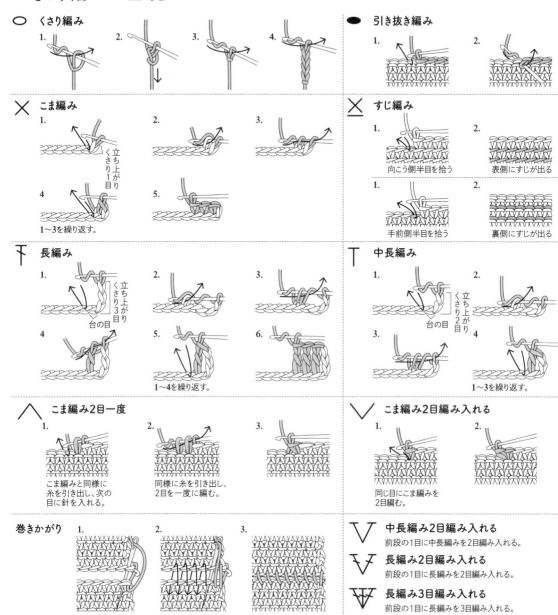

かぎ針で編む　きせかえあみぐるみ
平成29年9月5日 初版第1刷発行
平成30年10月15日 初版第5刷発行

＊本書に掲載している作品はデザインや作り方を含めて制作者である井出友子氏の著作となります。個人的に楽しむ場合を除き、作品の複製や販売は著作権法で禁じられています。商用利用はご遠慮ください。

著者●なると
発行者●穂谷竹俊
発行所●株式会社日東書院本社
〒160-0022 東京都新宿区新宿2丁目15番14号 辰巳ビル
TEL●03-5360-7522（代表）　FAX●03-5360-8951（販売部）
振替●00180-0-705733　URL●http://www.TG-NET.co.jp
印刷●大日本印刷株式会社　製本●株式会社宮本製本所

本書の無断複写複製（コピー）は、著作権法上での例外を除き、著作者、出版社の権利侵害となります。
乱丁・落丁はお取り替えいたします。小社販売部までご連絡ください。
©Naruto 2017,Printed in Japan　ISBN 978-4-528-02155-6　C2077